DISCLAIMER

The author and publisher are providing this book and its contents on an "as is" basis and make no representations or warranties of any kind with respect to this book or its contents. The author and publisher disclaim all such representations and warranties, including but not limited to warranties of merchantability. In addition, the author and publisher do not represent or warrant that the information accessible via this book is accurate, complete, or current.

Except as specifically stated in this book, neither the author nor publisher, nor any authors, contributors, or other representatives will be liable for damages arising out of or in connection with the use of this book. This is a comprehensive limitation of liability that applies to all damages of any kind, including (without limitation) compensatory; direct, indirect, or consequential damages; loss of data, income, or profit; loss of or damage to property; and claims of third parties.

FIRST EDITION - Published 2022

Extra Graphic Material From: www.freepik.com
Thanks to: Alekksall, Starline, Pch.vector, Rawpixel.com, Vectorpocket, Dgim-studio, Upklyak, Macrovector, Stockgiu, Pikisuperstar & Freepik.com Designers

This Book Comes With Free Bonus Puzzles

Available Here:

BestActivityBooks.com/WSBONUS20

5 TIPS TO START!

1) HOW TO SOLVE

The Puzzles are in a Classic Format:

- Words are hidden without breaks (no spaces, dashes, ...)
- Orientation: Forward & Backward, Up & Down or
  in Diagonal (can be in both directions)
- Words can overlap or cross each other

2) ACTIVE LEARNING

To encourage learning actively, a space is provided next to each word to write down the translation. The **DICTIONARY** allows you to verify and expand your knowledge. You can look up and write down each translation, find the words in the Puzzle then add them to your vocabulary!

3) TAG YOUR WORDS

Have you tried using a tag system? For example, you could mark the words which have been difficult to find with a cross, the ones you loved with a star, new words with a triangle, rare words with a diamond and so on...

4) ORGANIZE YOUR LEARNING

We also offer a convenient **NOTEBOOK** at the end of this edition. Whether on vacation, travelling or at home, you can easily organize your new knowledge without needing a second notebook!

5) FINISHED?

Go to the bonus section: **MONSTER CHALLENGE** to find a free game offered at the end of this edition!

Want more fun and learning activities? It's **Fast and Simple!**
An entire Game Book Collection just **one click away!**

Find your next challenge at:

BestActivityBooks.com/MyNextWordSearch

Ready, Set... Go!

Did you know there are around 7,000 different languages in the world? Words are precious.

We love languages and have been working hard to make the highest quality books for you. Our ingredients?

A selection of indispensable learning themes, three big slices of fun, then we add a spoonful of difficult words and a pinch of rare ones. We serve them up with care and a maximum of delight so you can solve the best word games and have fun learning!

Your feedback is essential. You can be an active participant in the success of this book by leaving us a review. Tell us what you liked most in this edition!

Here is a short link which will take you to your order page.

BestBooksActivity.com/Review50

Thanks for your help and enjoy the Game!

Linguas Classics Team

1 - Antiques

```
İ  S  D  Y  Q  A  M  T  A  S  Ş  K  P  A  A  K
N  V  İ  T  A  R  O  K  E  D  Й  T  Ö  D  O  K
V  H  W  Ə  L  P  I  N  U  X  A  M  W  H  Ş  W
E  D  Ğ  Y  E  R  R  Ə  Y  Ə  D  G  P  H  N  K
S  P  H  Y  R  C  T  Ə  N  Ə  S  Ə  C  N  İ  Ə
T  Q  C  İ  E  E  U  Й  B  H  X  S  E  T  G  Ə
İ  S  E  F  Y  O  N  İ  L  L  İ  K  L  Ə  R  S
S  L  Ç  Y  A  A  U  K  S  İ  O  N  Ə  M  Q  İ
İ  A  I  E  R  F  P  Ə  S  R  Ğ  C  K  Y  U  L
Y  I  N  K  K  I  P  S  Й  T  F  E  Y  İ  A  A
A  K  Ç  Y  H  R  A  N  K  T  A  C  E  Q  T  E
M  E  B  E  L  Ə  B  D  A  W  I  Q  H  P  O  A
P  X  U  H  Ç  Z  D  Ş  I  K  N  B  J  M  R  M
S  I  K  K  Ə  L  Ə  R  Q  E  Q  A  U  Q  Z  T
I  C  C  E  Q  L  X  G  V  Q  К  Ç  Z  T  E  R
S  P  Y  M  M  E  A  F  S  M  H  S  Ç  O  Q  D
```

İNCƏSƏNƏT	İNVESTİSİYA
AUKSİON	KÖHNƏ
ƏSİL	QİYMƏT
ƏSR	KEYFİYYƏT
SIKKƏLƏR	BƏRPA
ONİLLİKLƏR	HEYKƏL
DEKORATİV	QUATORZE
ZƏRİF	SATMAQ
MEBEL	QEYRI-ADI
QALEREYA	DƏYƏR

2 - Food #1

```
A M S H D Y İ F S N O Й K İ R Ə
X R Z H A Ç S C A Й S G Ö T T Y
Ş H M Y D E P N R Й Y T K Q N M
A K B U L H A N I Ç R A D N Ş U
K Ş O I D S N O M Ç Ə L L Ə K F
S Ü D L E A A M S K T B Y S R D
I Z W J Z B Q İ A B K G R A N K
X K H Ş V H Й L Q U E F S L Z K
E M V Ə K H E E N A Ğ O S A R K
Ş X Й K B P Ğ U Y R N S K T K W
R O N Ə F Й Z G Ç P İ N R U T U
E D R R T F Ş I N A H Y E R E J
D Й Й B E Z F I S T I Q D W W E
B P E Q A N U T B E V L S K L E
Z M G A B X P D O A Q U Y K E R
Q E Й K G N M E Y V Ə S U Y U H
```

ƏRİK	FISTIQ
ARPA	ARMUD
REYHAN	SALAT
KÖK	DUZ
DARÇIN	ŞORBA
SARIMSAQ	İSPANAQ
MEYVƏ SUYU	ÇƏLLƏK
LİMON	ŞƏKƏR
SÜD	TUNA
SOĞAN	TURNİP

3 - Measurements

```
A U Ç M R Ğ Y C L K Q D D Ş D U
M K Ə Q İ Q Ə D I V A Ə U H E I
H H K H Y N P L I Q J R Й K C Й
A K İ N Q R A M T Y G Ə Q Q I S
H Ə C M I Ğ D L R Ü O C A B M X
E N I A Й E E İ E K K Ə R I A Z
F D C B T K R T Ş R X A I B L S
R H L P S İ Q R V R M D Ş M O X
S B U Ğ U L N U Z U E B U Й U U
I A C S M O A O Y X T V T R N D
S I Ş T L Q L B T Y R H F U C O
Z G B X Y R T E M İ T N A S E Ç
S F C V G A H Ü N D Ü R L Ü K X
Ş Ş P F H M B K I L O M E T R P
Й R H D Ə R I N L I K E B A K A
I K S W B L O P E L Y P D Z M V
```

BAYT
SANTİMETR
DECIMAL
DƏRƏCƏ
DƏRINLIK
QRAM
HÜNDÜRLÜK
QARIŞ
KİLOQRAM
KILOMETR

UZUNLUĞU
LİTR
KÜTLƏ
METR
DƏQİQƏ
OUNCE
TON
HƏCMI
ÇƏKİ
ENI

4 - Farm #2

```
M N I T R A K T O R Ç Ö X Q Ç Й
E E L T Ə R Ə V Ə Z A R Q U O T
A M A L U L V Q Ç K H Ç D Z B X
D D D L P K Ç Z T G W A U U A E
O Ü I U U Ö M E Y V Ə R Ş Ə N R
W S Ğ Q J M R K K D Й D I K A N
M P R P Ç Y R D X Ç Y Ğ A I Z M
H O A P R A M J Ə S Q W H N N P
H Ğ Q S A R A Y R K U C E Ç R R
G O I Z H A D Ğ U B V A Y I E A
Ş W O U H S P K E I K U V Ç B Z
I M O V S Ğ K Q U P A Q A Y S A
H L H S X S Ğ H O A K W N Й E K
L P V C J P W E Ş Y W C L H P Z
L C D P U P R N L Ş U A A Y A Ğ
K H X N S U V A R M A N R K W I
```

HEYVANLAR	LAMA
ARPA	MEADOW
SARAY	SÜD
QARĞIDALI	ÖRÇARD
ÖRDƏK	QOYUN
ƏKINÇI	ÇOBAN
QIDA	TRAKTOR
MEYVƏ	TƏRƏVƏZ
SUVARMA	BUĞDA
QUZU	

5 - Books

```
F  Й  A  S  B  Й  Z  Y  P  V  K  L  Ğ  K  P  I
K  A  A  I  Z  E  Z  I  Ş  X  U  K  Ç  O  R  X
O  P  C  L  D  J  A  E  I  V  T  Ə  Y  L  O  T
N  A  K  I  N  U  P  O  E  Z  I  Y  A  L  M  I
T  B  C  Z  Ə  W  A  E  P  İ  K  A  B  E  A  R
E  H  P  A  W  L  E  L  K  E  A  K  H  K  N  A
K  D  K  Y  B  Ç  I  B  I  J  D  E  H  S  U  Ç
S  N  A  V  A  T  O  R  T  L  K  H  U  I  Ğ  I
T  Ş  E  İ  R  D  O  B  S  V  I  Y  M  Y  Y  L
T  Z  K  Ç  D  F  E  Ç  I  Q  P  K  M  A  U  I
S  A  D  H  E  C  Z  H  R  Ə  D  Ə  B  İ  X  Q
Ə  A  R  Z  F  A  W  R  O  M  A  C  Ə  R  A  M
H  E  F  İ  L  L  Ə  Ü  M  M  W  A  K  D  O  K
İ  Z  U  S  X  X  Q  X  U  C  U  X  O  H  A  M
F  A  Z  Y  Z  İ  B  B  Y  Ğ  E  K  H  Q  F  Y
Ə  Ç  V  A  Ş  R  C  E  X  T  H  J  S  Y  H  M
```

MACƏRA	NAVATOR
MÜƏLLİF	ROMAN
KOLLEKSIYA	SƏHİFƏ
KONTEKST	ŞEİR
DUALILIK	POEZIYA
EPİK	OXUCU
TARİXİ	UYĞUN
YUMORISTIK	HEKAYƏ
IXTIRAÇILIQ	FACIƏLI
ƏDƏBI	YAZILI

6 - Meditation

```
Z J C Ş W P T P Q P T V Z H G N
Z E H N I S P E I Ç G X S Ə U Ə
E Q I L H A X R I Y E X A R W F
E Ğ J A M A Q S A S I N K Ə Й Ə
R P F S Z Ş Ə P C E Ü F I K H S
Ə V G U N I B E W F V K T A Ğ H
L Ş M G T F U K S Z Ç R U T Z I
Ə Y Q Y X C L T Й N Ü D T H Z
C Z Ş U L Ş I İ Ç F M K U O M S
N Ğ T D H M A V T G T K Й O Q Ü
Ü M U S İ Q İ A Ğ I L Ə Y Ğ R L
Ş A Y D I N L I Q R Z Ş B L Й H
Ü D B İ R Ə L Ş İ D R Ə V İ Y K
D İ Q Q Ə T Ə Q F Ə Ş T E A Ə Й
Ö Y R Ə N M Ə K O T D V Ç M K T
E L D Ç K E N G K T R Ş R Ç Z A
```

QƏBUL	ZEHNI
DİQQƏT	AĞIL
NƏFƏS	HƏRƏKAT
SAKIT	MUSİQİ
AYDINLIQ	TƏBİƏT
ŞƏFQƏT	SÜLH
DUYGUSAL	PERSPEKTİV
TƏŞƏKKÜR	SÜKUT
VƏRDİŞLƏRİ	DÜŞÜNCƏLƏR
XEYIRXAHLIQ	ÖYRƏNMƏK

7 - Days and Months

```
K V K F K U C T H W Ş X Z M U P
B A Z A R S K Ü O N I D Q A W A
Й Y K R Y H A B M K K R D R X A
P M Z Q I V W A F Ə T V G T S I
Й K İ Q U X W Z H M A Y G Й F J
Y A N V A R İ A C Ü D X A R Ş Ğ
A I N K Q Ş L R Й C O Й Ş B O W
P H E K D Ə N E L E R P A A R S
J Ğ V A Й X T R A Ş S K V Y M S
P H Ə F T Ə C T R F W P Q T G I
İ Y U L K A O Ə V Z K A U N N Й
F H Q K K L A S E L U X S E W Y
O S V J R I S I F Ğ V G T S O W
Ş Ə N B Ə A V X İ Y U N P V J U
Ç Ə R Ş Ə N B Ə P R C A R K S U
P E K D S F N O Y A B R K C P Q
```

APREL

AY

AVQUST

NOYABR

TƏQVİM

OKTYABR

FEVRAL

ŞƏNBƏ

CÜMƏ

SENTYABR

YANVAR

BAZAR

İYUL

CÜMƏ AXŞAMI

İYUN

ÇƏRŞƏNBƏ

MART

HƏFTƏ

BAZAR ERTƏSI

İL

8 - Energy

```
B T S P E B W H U T T N V K E B
U U B Ə L Й Ə V Ü N A P Ç A N Ş
Й R G E N K I R R Ə H Ü M R T G
K B C X N A Y X P W K S X B R Ü
A İ S F O Z Y E F A E X X O O N
Ş N L P R Ğ İ E C Y O Й E N P Ə
Y Ç F C T O J N F E F L G A İ Ş
A P O T K Ə L Ü K R E E U H Y L
N K T E E P P P B A İ Z E N A O
A K O Q L Z A F N T S İ L R A M
C T N R E X U P S A T D E Z W N
A H İ D R O G E N B İ B K F S X
Q Ç I R K L Ə N M Ə L Z T M T K
Ə T R A F M Ü H I T İ Y R R Ğ H
P E F K K Q A L L I K J İ V K E
E C I S W H Ş M E H Q J K E Й E
```

BATAREYA
KARBON
DİZEL
ELEKTRİK
ELEKTRON
ENTROPİYA
ƏTRAF MÜHIT
YANACAQ
BENZİN
İSTİLİK

HİDROGEN
SƏNAYE
MÜHƏRRIK
NÜVƏ
FOTON
ÇIRKLƏNMƏ
BƏRPA OLUNAN
GÜNƏŞ
TURBİN
KÜLƏK

9 - Chess

```
Q  Y  L  W  Y  J  H  S  T  F  K  Й  L  Z  Ö  U
A  C  Ç  H  L  P  K  K  A  W  İ  J  Y  A  Y  Ğ
Y  B  E  E  J  P  R  A  L  L  A  X  H  Ç  R  S
D  P  A  E  Й  K  I  O  Ğ  I  Y  C  F  O  Ə  K
A  Ğ  Y  W  Ə  N  R  A  B  J  P  Z  Ğ  A  N  Ğ
L  D  İ  A  Q  O  N  A  L  L  V  E  P  Ç  M  M
A  J  G  Q  İ  M  U  K  N  I  E  G  V  J  Ə  O
R  Ğ  E  Ğ  B  G  Y  M  H  K  N  M  I  B  K  Q
Q  K  T  X  A  V  O  O  Z  L  O  H  L  P  F  A
W  U  A  K  S  E  O  R  Ə  Q  İ  B  L  Ə  M  R
E  X  R  N  Ü  W  K  E  C  C  P  N  I  P  R  A
T  T  T  B  M  H  H  Y  A  Ğ  M  B  Ğ  O  İ  R
V  I  S  S  A  P  D  E  S  G  E  T  A  M  N  Ş
F  N  P  G  L  N  O  L  M  A  Ç  İ  L  A  R  K
K  Y  O  H  M  I  H  P  R  Z  W  V  A  P  U  C
T  N  H  M  K  N  K  A  E  X  N  W  T  V  T  W
```

QARA	PLEYER
PROBLEMLƏR	XALLAR
ÇEMPİON	KRALIÇA
AĞILLI	QAYDALAR
MÜSABİQƏ	QURBAN
DİAQONAL	STRATEGİYA
OYUN	VAXT
KRAL	ÖYRƏNMƏK
RƏQİB	TURNİR
PASSIV	AĞ

10 - Archeology

```
S  X  A  R  A  B  A  L  I  Q  L  A  R  E  Ğ  K
I  U  B  Ş  E  E  Y  T  U  P  M  P  R  K  M  Z
V  Ç  Й  U  A  Ç  E  A  I  R  H  R  S  S  Ə  H
I  P  T  Й  C  B  A  R  Ç  D  A  O  K  P  B  N
L  A  S  A  D  N  A  M  O  K  N  F  Й  E  Ə  R
I  F  C  R  Q  P  R  A  Q  I  A  E  D  R  D  Ç
Z  Z  S  E  D  İ  P  E  I  Ş  L  S  L  T  O  L
A  S  L  R  C  K  Q  W  L  Ğ  İ  S  V  Y  O  U
S  M  Q  D  E  G  P  D  S  I  Z  O  Ş  P  B  N
I  S  L  E  E  M  U  Ş  Ə  M  C  R  H  U  Y  U
Y  Q  I  M  S  E  T  F  N  T  B  Z  R  F  E  D
A  W  S  R  Ə  L  T  N  E  M  Q  A  R  F  K  U
T  G  S  I  R  Ə  L  K  Ü  M  Ü  S  E  F  T  L
Y  G  O  B  N  A  M  Ə  L  U  M  Й  L  L  L  M
F  U  F  Ə  S  I  Й  F  P  D  Ş  Ç  Ş  P  Ə  U
S  T  H  Q  V  G  S  Й  E  Й  O  H  G  E  R  Ş
```

ANALİZ	OBYEKTLƏR
SÜMÜKLƏR	PROFESSOR
SIVILIZASIYA	RELIC
NƏSLI	TƏDQİQATÇI
ERA	XARABALIQLAR
EKSPERT	KOMANDA
UNUDULMUŞ	MƏBƏD
FOSSIL	QƏBIR
FRAQMENTLƏR	NAMƏLUM
SIRR	

11 - Food #2

```
N V B Ç T K J E C I W C H N D P
L X I A P O K N G P E M Ü Z Ü O
H A S Й D Q Y C T Ö Ç A J P Y M
Q A T I Q I H U E P B H B Ş Ü I
C H E R R Y M K Q R P Ə H Ş Z D
Ğ U B C K A W C N İ J R L H U O
A C A M L A V A A D Ğ U B Ə C R
U K L U N L K R N N C A L Й K Ğ
Ç V I V I K I Ş A E A R Y R D C
M T Q L P B E P B P V T G L A V
A Ş O K O L A D H V F I M S Y J
K Ə R Ə V İ Z N H V M S I Ç T P
Y U M U R T A C C P Ç H Ç T N B
Ş X Й D P Ğ I F E E B O E A D Ç
H Y S E I Ç P Q E K D K E O E U
B R O K O L I T E S R A X N Й P
```

ALMA	BADIMCAN
ARTISHOK	BALIQ
BANAN	ÜZÜM
BROKOLI	HAM
KƏRƏVİZ	KIVI
PENDİR	GÖBƏLƏK
CHERRY	DÜYÜ
TOYUQ	POMIDOR
ŞOKOLAD	BUĞDA
YUMURTA	QATIQ

12 - Chemistry

```
D U Z U D K E G E F Й A A X T H
Ş A L Ğ Ğ V O E Y A M Y B A Ş İ
Ş I D H J H P L T E O I Y E P D
K İ L İ T S İ E E Й T Ş Q Y L R
A Q F S D Y H K M A A T S N T O
R C K N Z Й O T P Й Y Ə A L L G
B R L E P R A R E K Y B Y Q D E
O Q Ə L Ə V I O R N U İ Q A Z N
N I C B U X A N A L Ü İ Z T O Q
E P A I Y K Ç W T R F V L Ğ F W
G Ş E L Q P E K U İ O N Ə P G K
İ Ç Ə K I C U L R K T P E Ç H E
S X F R Й U K M O K U E T U E H
K Y L M U U T N E M R E F Ç Ç Ç
O Z V O Ş J S K T A Ş I R Ş U İ
S L L S R O T A Z I L A T A K A
```

TURŞ	HİDROGEN
QƏLƏVI	İON
ATOM	MAYE
KARBON	MOLEKUL
KATALIZATOR	NÜVƏ
XLOR	TƏBİİ
ELEKTRON	OKSİGEN
FERMENT	DUZ
QAZ	TEMPERATUR
İSTİLİK	çƏKİ

13 - Music

H	Ğ	Й	F	W	M	Ç	Ğ	V	Ş	M	A	H	M	B	U
A	R	E	P	O	E	A	F	D	Q	I	U	A	İ	A	A
R	E	M	I	Z	L	Й	L	E	B	I	B	R	K	L	Q
M	C	J	G	R	O	T	A	Ə	L	K	C	M	R	L	E
O	A	A	T	E	D	Y	K	O	T	K	J	O	O	A	Y
N	X	O	R	A	I	L	O	R	J	Y	X	N	F	D	D
I	Ğ	K	B	S	Y	Ğ	V	B	C	İ	N	İ	O	A	V
Y	V	U	L	Ç	A	A	H	A	E	N	Q	K	N	Y	A
A	P	I	P	A	I	U	Z	Q	O	N	A	İ	K	X	L
A	E	R	G	K	S	X	S	A	R	Ə	K	Ç	S	H	B
P	O	E	T	İ	K	S	O	Z	L	Ğ	U	İ	M	U	O
Ş	R	Ğ	K	M	A	X	İ	Й	İ	Ü	A	Q	E	Ş	M
H	A	Z	Y	T	Й	F	A	K	R	M	T	İ	R	P	V
A	U	H	B	İ	M	A	C	K	İ	V	T	S	G	S	H
Ş	D	S	Q	R	A	H	K	T	K	C	W	U	F	F	Ç
O	X	U	M	A	Q	V	H	Й	G	K	F	M	J	Й	O

ALBOM	MUSİQİ
BALLADA	MUSİQİÇİ
XOR	OPERA
KLASSİK	POETİK
HARMONİK	QEYD
HARMONIYA	RİTM
ALƏT	RİTMİK
LİRİK	OXUMAQ
MELODIYA	MÜĞƏNNİ
MİKROFON	VOKAL

14 - Family

```
W N D X K L Y Z Q A R D A Ş I L
N Ə V Ə S İ D C F A L Ə T Й Ç Ğ
K H U Ş A Q L A R Ş N Й V M O K
W L U L Ğ O I Ş A D R A Q Ə Й V
R Q A R D A Ş U Ş A Q L I Q N J
O Ç D U J A Z J F V R T Ç X C Ş
E R A O Q I Z I Ş R E H A T A U
X A L A A B A C I A B A B A C Ş
X A H C Ş H T I N K Z R A O M T
P K J Ç U L Ğ O I S I M Ə A I V
A Y X H T Y A H J E I S T W H L
K Y V Y N L W I X Ç N E T Й L V
H F W J A H F N S Q A Ə K N D R
T D H Ç Q Q Ə C D A D M S K J T
Ş N Ə N Ə Ş Z C H P A İ H K V Y
W Й A Q L K P W R C Y O K K T N
```

ƏCDAD	NƏNƏ
XALA	NƏVƏ
QARDAŞ	ƏR
UŞAQ	ANA
UŞAQLIQ	QARDAŞI OĞLU
UŞAQLAR	QARDAŞI
ƏMISI OĞLU	ATA
QIZI	BACI
NƏVƏSI	ƏMİ
BABA	ARVAD

15 - Farm #1

```
C D Ğ P Ğ G L P G K R O P R E Ç
E A B I Й Ç Ü I E Ç R T C G C K
X N H Й W R R B R J İ Ç E K K Ş
N A Ğ A A P Ü W R N T X D H Ş Ş
K D Ü Y Ü D S J V Ə Z S Ş R A S
E Ş Ş Ə K Z P K R B Ğ Ç Ğ J Ğ Y
W Y H Ç G Y S V V Q Q Ç A I R O
L O O O E E K N Ə H A S A F A Ğ
B Ğ I P V N Ü M Ç K M R H D Q L
B P P T C K R Й H J U A I A C O
T N P O X P Ə B A L R L A T U K
N D L Y D L K Ə N İ O M V Z Ğ F
G Y F U F Ğ L S W L Q U P Z G A
Q S U Q T G Ə P P B Y X F W Ç K
P I Ş I K E R O Ç F F O E C K L
X Й I C X Ç O F J Ğ T T B M R W
```

ARI	SAHƏ
DANA	SÜRÜ
PIŞIK	KEÇİ
TOYUQ	HAY
İNƏK	BAL
QARĞA	AT
İT	DÜYÜ
EŞŞƏK	TOXUMLAR
QORUMAQ	KÜRƏKLƏR
GÜBRƏ	SU

16 - Camping

```
K Й Ç D P Ş K K X K F K T A G B
Ğ S P S A P M O K H K O M R G K
K A B İ N Ğ T Y X Ə R İ T Ə Ş P
Ə Y L Ə N C Ə K S Q Ş K L C Ğ V
V H Y Q C X İ P Z Й S E K A A P
Й H B O I F B Z H K C O M M A H
Y Ç M F C Q Ə U B F B N K U H Й
X A G Ö L I T Ğ Ğ Ç Й A L R Ə O
P D A V A D A N L I Q K İ P Ş N
N I Ğ N A Y P F K E U J E E Ə P
J R A L N A V Y E H L A W P R M
A Ğ A C L A R A Q W U D G P A D
C J E D Q S E E Ğ Q Ç K L A T E
T C T G V Y O S J E V X U G P Y
Й E Й J H C Y C Y P O Q Z W E S
R E L N C H H P Ğ X V M F N Ç A
```

MACƏRA	OVÇULUQ
HEYVANLAR	HƏŞƏRAT
KABİN	GÖL
KANOE	XƏRİTƏ
KOMPAS	AY
AVADANLIQ	DAĞ
YANĞIN	TƏBİƏT
MEŞƏ	İP
ƏYLƏNCƏ	ÇADIR
HAMMOCK	AĞACLAR

17 - Algebra

```
K  Й  V  M  R  K  K  U  J  S  Y  B  Q  F  B  O
A  P  F  Q  B  C  X  G  A  O  F  T  H  Ç  Ö  A
H  N  R  J  R  Q  Ə  U  E  N  A  L  A  Y  L  K
E  H  I  O  N  K  T  J  S  S  R  C  F  B  M  W
A  K  F  F  B  İ  T  M  C  U  Q  H  K  O  Ə  U
Ç  Й  I  N  Y  L  I  M  A  Z  Z  C  R  T  Ç  T
F  I  S  Ə  I  N  E  H  M  D  Ə  Y  İ  Ş  Ə  N
O  F  X  V  S  Ə  S  M  M  A  R  Q  A  I  D  E
R  O  T  A  T  T  C  X  X  R  T  A  H  X  K  N
M  L  K  L  R  I  Ç  Ç  A  O  W  R  C  A  Ğ  O
U  E  Ş  Ə  X  M  Ş  S  A  Y  D  X  İ  H  G  P
L  T  B  Z  H  Ç  A  H  P  R  W  R  D  S  E  S
A  O  R  C  Ə  D  Ə  Z  I  R  Ə  T  Ö  M  E  K
U  Q  P  V  L  W  B  S  F  V  Ç  E  Ş  Й  A  E
I  Ç  U  Ş  L  Ç  U  S  B  J  H  Z  E  A  M  A
S  A  D  Ə  L  Ə  Ş  D  I  R  M  Ə  K  N  M  S
```

ƏLAVƏ	XƏTTI
DIAQRAM	MATRİS
BÖLMƏ	SAY
TƏNLİK	MÖTƏRIZƏDƏ
EKSPONENT	PROBLEM
AMIL	SADƏLƏŞDIRMƏK
YALAN	HƏLL
FORMULA	ÇIXARMA
QRAF	DƏYİŞƏN
SONSUZ	SIFIR

18 - Numbers

```
O N S Ə K K İ Z Й E O İ E X Q Й
T T H Q T S Ş U Й E N K I Y E B
N Z U L Z U Q Q O D Ü İ Ç E G E
J Q I A Z O N Q B A Ç G S F J Ş
L E L M V N İ O U J Ü U J Ç A
D P H I Ğ E D D O N A L T I Q I
K Ö M C B I D N D R Ö D N O V A
P W R E I O E O B E X C Ş J M O
O N P D S Q Y I İ I Y I R M I N
E N A K F H Ç P R T E N O P A İ
D Z B P U C M Ğ K L F H O N L K
K H L E Z H Ç Ç K A R P Й U W İ
Ç B P D Ş S Ə K K İ Z E W I H I
O L Q G V A M Y N H O P U D V H
F Q F E A K X Ş Ğ Ş P K Y H H P
S J S F Ş Ç H İ Ç Y Ç R F R Й E
```

DECIMAL	YEDDİ
SƏKKİZ	ON YEDDİ
ON SƏKKİZ	ALTI
ON BEŞ	ON ALTI
BEŞ	ON
DÖRD	ON ÜÇ
ON DÖRD	ÜÇ
DOQQUZ	ON İKİ
ON DOQQUZ	IYIRMI
BİR	İKİ

19 - Spices

```
W P R D A Ç C E L P N Ş A E L F
E R Ü N A Ğ O S Ğ A L T V Z W M
Ğ Ç Z L Ə R İ Z Z P N L B D Ş J
Й E E D Z H Ç A L R A Y V M R E
P V Y P H E T I İ I L R B D Ş V
X Ş O Q L U F S N K Й F A A C I
D Y Y P Z C F F A A E O Й D V T
X Ğ Q H Ç D E E V F Y W S P K Ç
S A R I M S A Q N B F S V P N U
İ R Ə K V N Ş L P U O R J Y U E
Q L E L K E Ş N I Ş G P O R T F
O O M O M A D R A K Й R W N M D
S A A V Z Ə N C Ə F I L E V E U
E H K E S A K Ş S N O W M E G Z
G Й Ğ A H E Q A H A L B U G K Й
Ş İ R İ N A Y İ B E N V Q O J H
```

ACI	SARIMSAQ
KARDAMOM	ZƏNCƏFIL
DARÇIN	BİYAN
KLOVE	NUTMEG
KEŞNIŞ	SOĞAN
ZİRƏ	PAPRIKA
KƏRİ	SAFFRON
RÜZEY	DUZ
FENUGREEK	ŞİRİN
DAD	VANİL

20 - Universe

```
Ğ  N  N  R  G  Ğ  E  A  H  T  B  R  Q  J  F  Q
E  G  S  D  M  Y  S  H  Ş  F  Ğ  E  E  I  X  K
A  H  G  E  R  E  H  I  H  I  E  H  P  C  P  S
G  Y  A  R  I  M  K  Ü  R  Ə  O  J  G  H  Z  E
A  Ö  Ş  L  A  Ç  F  X  F  R  N  P  F  N  A  U
K  I  R  Z  A  A  Y  I  M  O  N  O  R  T  S  A
S  U  U  Ü  A  T  H  Ş  N  S  H  K  A  E  T  K
A  S  I  F  N  T  I  B  R  O  K  S  S  X  E  I
J  C  U  R  H  Ə  M  T  H  J  X  E  T  A  R  T
A  Y  P  O  E  U  N  O  U  P  V  L  R  I  O  K
I  E  B  T  Q  Y  O  K  S  D  G  E  O  Ç  İ  A
Q  A  R  A  N  L  I  Q  U  F  E  T  N  G  D  L
U  D  H  V  G  Ü  N  D  Ü  Z  E  Ş  O  T  O  A
V  H  U  K  İ  M  S  O  K  G  R  R  M  C  W  Q
Q  H  K  E  C  C  K  B  Z  Ö  G  Ü  N  Ə  Ş  I
Ü  F  Ü  Q  H  Q  A  E  E  Y  Z  O  D  I  A  K
```

ASTEROİD	ÜFÜQ
ASTRONOM	LATITUDE
ASTRONOMIYA	AY
ATMOSFER	ORBIT
KOSMİK	GÖY
QARANLIQ	GÜNƏŞ
EON	GÜNDÜZ
EKVATOR	TELESKOP
QALAKTIKA	GÖRÜNƏN
YARIMKÜRƏ	ZODIAK

21 - Mammals

```
A Q N F A C N P L A V E H U Q D
S Z J L T O P I K Й W K N E O O
L G G Ç A Y Q Q Q Ş Ş D M H Y V
A L L İ R O Q B E A V E R H U Ş
N H G D B T Q D P N K K C U N A
C Ş D W E E B U O I Ş R O R Q N
H N X T Z A Y I D L P P S U X Q
B P Q C P A K Z L A Y Ş H Q F X
Z A Y O W P N A P B W Й K N F S
B U Ğ A L T I Z Ü R A F Ə E W V
K Q İ Z A K H Ş E J B L N K P P
T Y S T T S P F I Ü M E Y M U N
O T V S S K L Ç B K J Ğ C U W C
V Q K P Y D O Q X L G X B Ğ Y F
H A B H W A D Z A Ü F P A F İ L
J S K D Ş P O Q A T G H K Ğ F R
```

AYI	QORILLA
BEAVER	AT
BUĞA	KENQURU
PIŞIK	ASLAN
COYOTE	MEYMUN
İT	DOVŞAN
DOLPHIN	QOYUN
FİL	BALINA
TÜLKÜ	QURD
ZÜRAFƏ	ZEBRA

22 - Bees

```
P  Ç  Ğ  M  T  F  Ç  H  B  O  W  O  J  P  M  G
Q  İ  W  A  Ü  T  S  Ü  T  A  T  I  B  A  H  Ü
E  Ç  T  M  I  X  Y  N  C  J  B  A  Ğ  O  T  N
H  Ə  A  D  I  Q  T  Q  A  N  A  D  L  A  R  Ə
Ğ  K  R  D  H  H  F  Ə  A  N  E  W  O  H  H  Ş
O  L  Ə  K  Ç  K  Ğ  H  L  T  J  R  İ  Й  L  J
Ç  Ə  Ş  V  F  L  F  Ş  A  I  J  Z  P  Z  F  K
K  R  Ə  K  Y  N  Y  Ç  B  H  F  N  A  Q  A  I
W  B  H  J  V  E  K  Ğ  Ğ  T  A  L  N  M  Y  X
Y  R  V  Y  O  L  M  R  F  E  K  J  I  H  D  K
S  O  R  Ğ  U  O  U  W  A  E  U  G  F  K  A  Ç
G  Q  Q  D  A  P  M  I  Y  L  S  C  N  I  L  B
E  K  O  S  İ  S  T  E  M  L  I  P  R  U  I  E
B  I  T  K  I  L  Ə  R  Ş  L  Ş  Ç  W  W  C  L
T  O  Z  L  A  N  D  I  R  I  C  I  A  J  V  P
H  I  H  Y  S  U  Z  K  W  E  Ç  A  H  U  P  K
```

FAYDALI	BITKILƏR
MÜXTƏLIFLIK	POLEN
EKOSİSTEM	TOZLANDIRICI
ÇİÇƏKLƏR	KRALIÇA
QIDA	TÜSTÜ
MEYVƏ	GÜNƏŞ
BAĞ	SORĞU
HABITAT	MUM
BAL	QANADLAR
HƏŞƏRAT	

23 - Job Skills

```
M U Ü O J A A C İ D T K P X H C
E Ş N T Ə S İ R L İ Ə E Y A A R
H L S Й R R A G T N C E A R Z F
R Й I P A A U M Ə A R T R İ I K
İ J Y Ş D Z L C M Й Ü I A Z R O
B W Y U I T O S R N B B D M L O
A A Ə M L O Ç F Ö R Ə A I A A P
N D T N Ü G M X H P L R C T D E
T A A U M S Ə S İ L İ L I İ I R
E P W L W Ə T Y Ğ N D I K K X A
Ç T R O O R S Ə E O H A H Ş D T
X A C R U T M U Q H N K H U S I
X S Ş S J I V L L İ Z S Ğ W H V
C I P Ə A F K L X Ç L E Й H Й S
Z Y Q H R Ə H B Ə R L I K H P H
F A M L T D İ Q Q Ə T L İ T U M
```

ADAPTASIYA
DİQQƏTLİ
ƏSİL
XARİZMATİK
ÜNSIYYƏT
KOOPERATIV
YARADICI
HƏSR OLUNMUŞ
ETIBARLI

TƏSİRLİ
TƏCRÜBƏLI
MEHRİBAN
MÜSTƏQİL
RƏHBƏRLIK
IDARƏ
HAZIRLADI
HÖRMƏTLI
MƏSUL

24 - Weather

```
I  Q  P  M  N  Ç  W  Q  R  O  P  A  K  G  L  I
L  N  A  M  U  D  A  B  K  A  P  Ğ  N  U  E  G
D  K  E  S  R  Ç  T  V  B  U  L  U  D  L  U  Ö
I  Ü  E  L  I  L  R  H  I  N  Ş  W  C  L  P  Y
R  L  I  I  E  R  U  T  A  R  E  P  M  E  T  P
I  Ə  Й  H  Ç  F  Ğ  I  I  R  A  X  K  N  H  M
M  K  Q  L  E  I  Ç  A  K  Ğ  Ğ  C  J  L  S  Z
L  H  B  T  P  R  F  Y  E  V  D  S  I  W  B  V
Ş  H  R  N  Q  T  I  Ğ  L  J  E  Q  Ğ  Z  U  P
H  R  T  W  İ  I  P  N  P  N  Z  S  E  L  Z  P
H  P  O  T  Q  N  G  Ö  Y  Q  U  R  Ş  A  Ğ  I
J  B  R  R  L  A  Q  I  L  Q  A  R  U  Q  E  E
Q  U  N  O  İ  C  U  A  T  M  O  S  F  E  R  G
Ü  L  A  P  M  H  R  K  Ç  Z  M  U  S  S  O  N
T  U  D  İ  Q  H  U  I  Q  V  H  A  F  L  O  H
B  D  O  K  Ş  Q  R  L  Q  Ş  I  Y  Y  G  Ğ  Й
```

ATMOSFER	ILDIRIM
İQLİM	MUSSON
BULUD	QÜTB
BULUDLU	GÖY QURŞAĞI
QURAQLIQ	GÖY
QURU	FIRTINA
SEL	TEMPERATUR
DUMAN	TORNADO
QASIRĞA	TROPİK
BUZ	KÜLƏK

25 - Adventure

```
Ş  C  A  L  C  N  I  V  E  S  H  Й  P  Ç  I  T
F  Ü  R  S  Ə  T  A  L  Z  U  Ə  L  Ş  Ə  K  Ə
Ğ  E  E  X  Ç  H  W  V  G  H  V  K  E  T  K  H
K  U  B  İ  K  Y  D  Q  I  Ş  Ə  M  Y  I  T  L
F  Ə  A  L  İ  Y  Y  Ə  T  Q  S  W  E  N  Ə  Ü
Q  T  Y  Ə  L  D  M  Ş  K  Ğ  A  A  N  L  B  K
D  Ə  İ  K  L  O  L  A  A  E  B  S  İ  I  İ  Ə
G  Y  S  Ü  Ə  S  L  F  R  M  Z  N  I  K  Ə  S
H  I  R  L  Z  T  E  Ç  K  Ş  B  A  S  Y  T  İ
A  N  U  H  Ö  L  R  I  B  P  R  Ş  G  T  A  Z
Z  A  K  Ə  G  A  R  F  W  I  T  U  H  A  E  L
I  T  S  T  Ş  R  H  A  Y  I  H  P  T  Q  J  İ
R  K  K  P  R  O  B  L  E  M  L  Ə  R  L  P  K
L  J  E  C  Ə  S  A  R  Ə  T  R  K  K  V  D  P
I  D  A  I  R  Y  E  Q  Й  J  Й  H  O  S  P  Й
Q  A  H  I  E  S  R  H  D  P  K  Q  J  H  I  J
```

FƏALİYYƏT	DOSTLAR
GÖZƏLLİK	MARŞRUT
CƏSARƏT	SEVINC
PROBLEMLƏR	TƏBİƏT
ŞANS	NAVIQASIYA
TƏHLÜKƏLİ	YENİ
TƏYINAT	FÜRSƏT
ÇƏTINLIK	HAZIRLIQ
HƏVƏS	TƏHLÜKƏSIZLİK
EKSKURSİYA	QEYRI-ADI

26 - Sport

```
M A R Q O R P V E L A E L Ğ G B
V E E O X R C H E M N K G G Ç D
P U T Й T P U R D L Ğ Z T V W O
R T D A R Й Ğ H W C O Й Y C J D
D B M T B Z Y M U M I S K A M Ö
D M E S Й O K X R Ç H P I O U Z
B Ə D Ə N C L S Y K X F E P E Ü
K Q J H F A A İ Ç Q Ş Ə M P E M
A H I G N I Ç O K U A R E P Ş D
Q K S L A Ç Q A B I L I Y Y Ə T
N G J A M N A L A D İ Q Q O F B
Ü R Ə K D A M A R P Ə H R I Z L
D X Y M İ M L S Ü M Ü K L Ə R Ş
G Ü C P O D Q Ğ Ə Z Ə L Ə L Ə R
R Ə Q S S İ E J A E Ş P I Q F F
H D Ş O I Z F D Ə S Q Ə M U H O
```

QABILIYYƏT
İDMANÇI
BƏDƏN
SÜMÜKLƏR
ÜRƏK-DAMAR
MƏŞQÇİ
VELOSIPED
RƏQS
PƏHRIZ
DÖZÜM

MƏQSƏD
SAĞLAMLIQ
MAKSIMUM
METABOLİK
ƏZƏLƏLƏR
QİDALANMA
PROQRAM
İDMAN
GÜC

27 - Geology

```
M  G  R  T  F  W  Z  K  V  P  Q  S  P  G  H  Ç
Ə  E  U  G  Z  H  J  Ə  A  P  İ  L  F  Ş  E  A
R  N  Q  W  H  I  Ş  Ğ  L  E  T  A  Ğ  Ğ  E  U
C  Ş  E  R  E  Z  Y  E  Q  Z  Ə  V  B  R  R  A
A  Q  O  A  J  E  J  M  L  J  Ə  A  W  A  O  Ş
N  K  N  L  Ş  T  Ç  U  G  A  Ş  L  Ş  D  Z  Ğ
S  T  A  L  A  Q  M  İ  T  L  Ə  R  Ə  A  İ  V
F  H  İ  A  D  Ğ  X  S  D  U  Z  Q  U  P  Y  C
W  L  M  T  N  A  K  L  U  V  K  U  F  T  A  M
I  N  V  S  K  A  E  A  D  Ö  V  R  L  Ə  R  V
W  K  E  İ  S  A  Ş  K  D  L  S  O  W  T  A  S
Ş  Q  V  R  A  L  L  A  R  E  N  I  M  R  Z  N
D  L  F  K  W  Y  A  A  K  V  A  R  S  O  K  T
Ş  P  V  U  T  A  E  R  T  V  Q  R  Ğ  R  I  K
A  S  I  L  R  Y  B  Ş  K  S  A  E  A  Ş  F  X
F  O  S  S  I  L  T  Ğ  W  A  T  I  K  S  A  P
```

TURŞ	LAVA
KALSİUM	QAT
QİTƏ	MINERALLAR
MƏRCAN	YAYLA
KRİSTALLAR	KVARS
DÖVRLƏR	DUZ
ZƏLZƏLƏ	STALAKTİT
EROZİYA	STALAQMİTLƏR
FOSSIL	DAŞ
QEYZER	VULKAN

28 - House

```
J G V K A K G A U U K S P N K H
U E L J I H F S H M P P Ə S I W
Й Й R A N T D Ş L Й Ș O N E T L
Ğ I S Y Y E R V E R E Й C Ğ A B
F B S E N R A L R A Ç A Ə E B E
G Y Ğ S G Й G C E S A T R Ğ X E
Ğ E P N Й J J A P B M V Ə W A H
Z I R Z Ə M I Q Q Y E H A J N U
G Ğ A W D İ V A R W T M A D A Y
T H Ğ H J Ș Z C N N Y Ə X Q Й M
Ğ Ü D P I P Й O S O U T D A W O
L G P Ə R D Ə L Ə R U B S D U Ş
S Z I O Й J K H X Ə B Ə T R Ə M
S Ü P Ü R G Ə E B P O X I A S S
F G A F A L A M P A H B W Ç L C
Ğ R Q A M U R O Q A T O A P Ğ Ğ
```

ÇARDAQ
ZİRZƏMI
SÜPÜRGƏ
PƏRDƏLƏR
QAPI
QORUMAQ
OCAQ
MƏRTƏBƏ
MEBEL
BAĞ

AÇARLAR
MƏTBƏX
LAMPA
KITABXANA
GÜZGÜ
DAM
OTAQ
DUŞ
DİVAR
PƏNCƏRƏ

29 - Physics

```
V  S  Ü  R  Ə  T  N  I  S  B  I  L  I  K  Ç  L
G  A  E  Ğ  H  M  E  X  A  N  I  K  I  C  P  A
H  I  S  S  Ə  C  I  K  E  A  I  Ş  E  W  F  Q
K  I  M  Y  Ə  V  I  U  C  L  U  K  E  L  O  M
M  X  F  K  Q  L  H  D  N  U  E  J  K  E  C  T
A  A  G  P  C  A  T  Y  U  M  A  K  Q  D  U  Ğ
Y  K  Q  X  N  Ş  N  Ü  C  R  A  B  T  L  R  V
N  L  R  N  L  I  Ç  A  K  O  M  U  F  R  V  K
G  B  G  M  E  T  P  T  X  F  N  Ü  V  Ə  O  H
H  E  Ç  Ü  B  T  X  O  A  F  Ə  M  Ğ  Ç  W  N
Q  A  Z  H  Z  H  İ  M  O  R  L  Z  H  C  Й  F
I  Y  E  Ə  J  P  I  Z  S  E  Ş  S  E  K  W  Ğ
L  I  I  R  Q  Й  E  G  M  K  I  K  W  C  J  H
X  Ş  H  R  H  Z  Ğ  I  H  A  N  B  Й  T  E  A
I  G  M  I  E  S  W  N  N  N  E  S  X  B  L  H
S  T  L  K  A  C  V  K  P  S  G  W  D  E  E  Ğ
```

ATOM	QAZ
XAOS	MAQNETİZM
KIMYƏVI	KÜTLƏ
SIXLIQ	MEXANIKI
ELEKTRON	MOLEKUL
MÜHƏRRIK	NÜVƏ
GENIŞLƏN	HISSƏCIK
FORMULA	NISBILIK
FREKANS	SÜRƏT

30 - Dance

```
A H K R F R W Ç L W Q B H B P Ş
E K Ə X O R E O Q R A F İ Y A E
D K A R A M U D A Ğ M Z İ L K L
O U Z D Ə H W Й C E N M L P H K
S N P R E K I H İ N A Y Ə O N A
C Z Ş U W M A K Ç B L Й D Ş İ E
T Й V Q D H I T Q Ə L O A B Q M
Ə M Ə K D A Ş Y K D U W F I İ O
N M E Ç W Q Q W A Ə T C İ E S S
Ə Ə J Й T Ə Y Y İ N Ə D Ə M U İ
S D N A Y X R N E Ə N L P H M Y
Ə Ə R L Ü T F B H Ş W G M V V A
C N İ W G J V H K L A S S İ K A
N İ T Ə N Ə N Ə V I B U H R P U
İ K M M C F Ğ J E Ç Ç F Z L P G
P Ç J W D Y S L Й U D H T A R V
```

AKADEMIYA	ŞƏN
İNCƏSƏNƏT	TULLANMAQ
BƏDƏN	HƏRƏKAT
XOREOQRAFİYA	MUSİQİ
KLASSİK	ƏMƏKDAŞ
MƏDƏNİ	MƏŞQ
MƏDƏNİYYƏT	RİTM
EMOSİYA	ƏNƏNƏVI
İFADƏLİ	ƏYANİ
LÜTF	

31 - Coffee

```
S O B Q Ş P F Ç B J A Y Q Z B R
U P O K Q Z I I C Y H S İ K Ç İ
X A W T X Z E T N I H R Y Q J E
K K W C A X M Z İ C K P M N U L
S E O K E X L H E S A P Ə S J Ş
T W T C F S P M F Ğ M N T I F G
Ş F A Ğ G P Y O O U K E B K H C
Ş I Ü Y Ü T M Ə K Q A R A S V E
V U S Ç U P A E J H P W A K X S
Ç R Ə H Ə S L C R T L I F J X Ü
M Ə N Ş Ə Y I Z X K İ Ç M Ə K D
X K U D Ş K C M H Z L D T D Й K
Y Ə Ğ Z V U A F A I C E J A J A
P Ş Ş Ğ G Z Ç C X Y A G W D W R
E K F Q H Ğ V A R Ş E L H B T P
Q I Z A R D I L M İ Ş Ş P N H J
```

İÇKİ
ACI
QARA
KOFEİN
KREM
FINCAN
FILTR
DAD
ÜYÜTMƏK

MAYE
SÜD
SƏHƏR
MƏNŞƏYI
QİYMƏT
QIZARDILMIŞ
ŞƏKƏR
İÇMƏK
SU

32 - Shapes

```
A U Z Ş K T R D N I L I S E Ş J
K F H T P H K Ü V A A Ş P I İ L
O V P K P Ç Й Z E K V Z I M J P
H J A T K R E B U K O Ğ L J Ə H
Й P M D E K Й U I C W U L L R K
K V Z H R Й M C Ə Y R I E X İ J
Ü B İ J A A Ş A Y U V A R L A Q
N Z R P N D T Q P İ R A M İ D A
C C P Й Ə G Ş L E T A Y A N A C
P H C Ş K Ğ W I K O N U S O Й U
O I M H U Ç O X B U C A Q L I B
A T F J I I F P O Q Ş Й X J R Ç
M U J H İ P E R B O L A O Ə H Ü
C R N P Ş P H X K I G C K Ş T Z
V K G Q B V K L S I O R J P Ş T
N P Й I F M X N A F H K P K E H
```

ARC	XƏTT
DAİRƏ	OVAL
KONUS	ÇOXBUCAQLI
KÜNC	PRİZMA
KUB	PİRAMİDA
ƏYRI	DÜZBUCAQLI
SILINDR	YUVARLAQ
KƏNAR	YAN
ELLIPS	KVADRAT
HİPERBOLA	ÜÇBUCAQ

33 - Scientific Disciplines

```
B  X  O  Q  S  N  E  C  M  J  L  E  F  E  F  Z
E  Ş  R  M  U  E  Ç  E  Ş  H  Q  Й  A  C  İ  N
A  A  N  A  E  V  W  V  Ğ  Q  Ğ  A  A  M  Z  P
A  Ç  Y  Y  S  R  K  E  A  H  R  Y  Y  G  İ  T
K  A  Y  İ  G  O  L  A  R  E  N  İ  M  B  O  P
İ  L  H  G  G  L  K  A  P  R  C  M  İ  G  L  D
M  Й  Y  O  B  O  O  İ  Ğ  E  Ç  O  K  B  O  İ
A  N  P  L  Й  G  L  N  M  H  Ş  T  O  O  G  L
N  S  A  O  E  İ  K  O  Ş  Y  C  A  İ  T  İ  Ç
İ  W  S  İ  H  Y  R  C  K  H  A  N  B  A  Y  İ
D  K  Z  B  P  A  X  G  L  E  Q  A  H  N  A  L
O  A  S  T  R  O  N  O  M  I  Y  A  D  İ  V  İ
M  E  X  A  N  I  K  I  G  I  W  P  Ç  K  K  K
R  İ  M  M  U  N  O  L  O  G  İ  Y  A  A  B  Y
E  P  S  İ  X  O  L  O  G  İ  Y  A  K  H  Q  G
T  Q  R  K  I  N  E  S  I  O  L  O  G  I  Y  A
```

ANATOMİYA	KINESIOLOGIYA
ASTRONOMIYA	DİLÇİLİK
BİOKİMYA	MEXANIKI
BİOLOGİYA	MİNERALOGİYA
BOTANİKA	NEVROLOGİYA
KİMYA	FİZİOLOGİYA
EKOLOGİYA	PSİXOLOGİYA
İMMUNOLOGİYA	TERMODİNAMİKA

34 - Science

```
Q R A V I T A S I Y A M A M T L
L O M M I N E R A L L A R O Ə T
P Z Й E P A W C O P T K V L C M
B A Y İ R O T A R O B A L E R E
L P R O D G V J A Z T K M K Ü T
Ü K J Ç Ğ W M M İ L Q İ A U B O
M Z İ N A Q R O I Й Y Y V L Ə D
A E M N K C E T Ə İ B Ə T L W F
K T I Ə H B I A Q Y M A T A Y A
Ə O J X L K B Q H E O F A R Ç K
T P X Й Y U K N L H Ş İ C L X T
H I O S T T M Й A V Z M E I D
C H Ş F Й V Ç A Ş V R İ G F G M
F O S S I L K U T T H K E Ş H L
B I T K I L Ə R F K C A Q I M J
Й V K I M Y Ə V I J H J Q W S J
```

ATOM
KIMYƏVI
İQLİM
MƏLUMAT
TƏKAMÜL
TƏCRÜBƏ
FAKT
FOSSIL
QRAVITASIYA
HIPOTEZ

LABORATORİYA
METOD
MINERALLAR
MOLEKULLAR
TƏBİƏT
ORQANİZM
PARÇACIQLAR
FİZİKA
BITKILƏR
ALIM

35 - Beauty

```
G  E  S  T  İ  L  İ  S  T  K  Ç  P  S  Ç  C  Ç
M  Ü  L  H  M  Ə  H  S  U  L  L  A  R  A  A  İ
H  L  Z  E  A  P  K  A  A  H  J  Z  F  L  Z  L
Z  P  S  G  G  M  O  S  E  W  H  A  G  A  İ  E
M  X  U  E  Ü  A  A  E  Z  H  G  E  H  A  B  P
Ç  Z  X  Й  O  N  R  N  E  F  Q  N  Й  Ə  A
Y  E  D  W  N  X  U  C  J  K  O  G  X  P  D  D
U  D  K  U  Q  İ  P  D  E  R  T  K  P  P  A  Ə
P  H  A  Z  F  D  M  H  G  Ə  O  O  B  Y  R  R
P  O  A  H  H  M  A  Й  H  N  G  S  H  A  L  İ
Ş  F  I  P  H  Ə  Ş  Ç  Z  G  E  M  J  Ğ  I  L
Z  Ə  R  I  F  T  U  H  L  O  N  E  K  L  Q  Q
Y  R  Q  Ç  T  L  T  V  Z  G  İ  T  W  A  Ç  K
Q  H  E  Y  Ü  Ə  A  H  Q  Й  K  İ  H  R  Ğ  Q
U  S  N  A  L  R  Ə  T  I  R  C  K  D  P  G  Y
L  O  E  Q  I  S  A  Y  O  B  Q  A  D  O  D  X
```

CAZIBƏDARLIQ	GÜZGÜ
RƏNG	YAĞLAR
KOSMETİKA	FOTOGENİK
ÇAL	MƏHSULLAR
ELEGANCE	QAYÇI
ZƏRIF	XİDMƏTLƏR
ƏTIR	ŞAMPUN
LÜTF	DƏRİ
DODAQ BOYASI	HAMAR
TUŞ	STİLİST

36 - Clothes

```
Ş  B  K  X  W  C  H  A  Й  K  A  G  N  Ş  G  S
W  Ə  O  P  İ  J  A  M  A  Ö  Y  Ö  Ş  U  D  V
K  Ğ  R  Y  P  R  Q  H  R  Y  A  D  Z  E  C  I
G  G  Ğ  Ə  U  W  Й  S  D  N  Q  Ə  M  R  S  T
S  Q  X  G  F  N  O  D  Z  Ə  Q  K  Ğ  Y  A  E
N  A  K  L  H  I  B  U  K  K  A  Ç  J  Й  T  R
İ  B  N  E  I  W  N  A  D  O  B  Ə  Й  A  Ş  S
C  L  K  D  B  Ç  G  Ə  Ğ  W  I  Q  K  Y  V  Й
Ş  O  T  L  A  P  Ç  Ğ  Й  I  D  Y  Ğ  Z  T  P
H  Q  B  I  E  L  A  V  L  A  Ş  I  R  A  I  N
F  J  K  E  I  H  L  M  T  Ğ  Ğ  K  Ə  V  P  I
Z  K  P  Z  D  Ə  B  A  R  O  C  S  M  Ç  K  A
Й  M  P  E  V  A  W  R  R  Ə  L  K  Ə  C  L  Ə
J  Й  E  B  L  H  C  H  Ö  N  L  Ü  K  F  H  V
A  Ç  W  M  Ç  W  G  K  X  O  A  C  Й  Ğ  Й  A
E  Q  Ş  G  Ç  D  N  K  E  C  I  N  P  Y  H  Ğ
```

ÖNLÜK	CİNS
KƏMƏR	BOYUNBAĞI
ŞƏRƏFINƏ	PİJAMA
QOLBAQ	ŞALVAL
PALTO	SANDALLAR
DON	KÖYNƏK
DƏB	AYAQQABI
ƏLCƏKLƏR	CORAB
GÖDƏKÇƏ	SVITER

37 - Ethics

```
N A T A B A L Ğ A P L K F R I Ə
A Ç Ə K Ü P L G P D K D Ə A G M
G Й Q C T H D T E M O J L S Й Ə
R L A I Ö S Ə Ə R İ B Ə S İ M K
O O Y P V B Y M Й U Q L Ə O D D
İ O Ə O L W Ə K O Й I M F N A A
H N L D Ü H R İ D D L Z Ə A D Ş
Ş S S P Y V L H Ö İ H İ M L Ü L
V İ W A Ü A Ə C Z P A L Z L R I
G L N P N Y R Y Ü L X A İ I Ü Q
A T N S D L Й S M O R E M Q S C
Ş Ə F Q Ə T I T L M İ R İ H T E
Y M L H B H Ş Q Ü A Y Й T Ç L V
V R Y A C H C X L T E U P I Ü A
R Ö Ğ M A Q Ç Ğ Ü İ X D O K K P
O H B P B L X U K K E U M O K H
```

ALTRUIZM
ŞƏFQƏT
ƏMƏKDAŞLIQ
LƏYAQƏT
DİPLOMATİK
DÜRÜSTLÜK
İNSANLIQ
BÜTÖVLÜYÜ
XEYIRXAHLIQ
OPTİMİZM

SƏBİR
FƏLSƏFƏ
RASİONALLIQ
REALİZM
AĞLABATAN
HÖRMƏTLİ
DÖZÜMLÜLÜK
DƏYƏRLƏR
HİKMƏT

38 - Astronomy

```
R Ə S Ə D X A N A P W S Z Z O S
V Ç E F O G E C Ə L Ş T C G A M
H L Ç X W T A S T R O N A V T K
S E S A S Ç Y E R O P R Ç A A O
R U Ç M O N A J E W L P E Y K S
E A P H D M R N J O A Z O İ I M
Q P K E B U B H Ş I N O G S T O
K A M E R N M Ç M S E D D A K S
M S E M T N F A J A T I K İ A F
U T A E Z E O B N M P A M D L E
Ş E Ş T B Ğ S V P L K K V A A B
A R Y E M E K L A U I Ş F R Q E
M O N O R T S A Z T A L Z U E Q
Ğ İ P R W C J Ğ W U O O I G Ö Y
K D A Y H K T U M T C A Й Q C I
C O N S T E L L A T I O N C E J
```

ASTEROİD
ASTRONAVT
ASTRONOM
CONSTELLATION
KOSMOS
YER
TUTULMASI
GECƏ
QALAKTIKA
METEOR

AY
DUMANLILIQ
RƏSƏDXANA
PLANET
RADİASİYA
RAKET
PEYK
GÖY
SUPERNOVA
ZODIAK

39 - Health and Wellness #2

```
A  M  R  I  D  Ş  A  L  Z  U  S  U  S  S  X  İ
K  V  C  X  E  J  P  T  I  K  X  J  A  T  Ə  N
İ  D  İ  K  Ə  Ç  R  K  R  T  J  Q  Ğ  R  S  F
T  C  X  T  K  D  Ə  Ç  H  K  K  F  L  E  T  E
E  W  L  Y  A  K  B  S  Ə  A  Q  D  A  S  Ə  K
N  T  K  M  P  M  H  A  P  S  Ğ  A  M  S  L  S
E  Q  O  E  M  I  İ  N  A  Q  J  Y  N  E  İ  İ
G  I  Ç  Ğ  F  Ç  R  N  S  E  A  İ  İ  X  K  Y
F  C  Ğ  A  O  J  W  O  Ç  X  S  G  Ş  Ç  G  A
S  A  Ğ  S  L  H  V  U  L  M  Й  R  T  H  I  D
A  N  A  T  O  M  İ  Y  A  A  Ğ  E  A  E  G  K
Q  İ  D  A  L  A  N  M  A  S  K  L  H  J  I  A
K  E  N  E  R  J  İ  D  V  A  B  L  A  F  Y  P
X  Ə  S  T  Ə  X  A  N  A  J  L  A  K  V  E  F
U  F  D  S  H  Ş  L  K  E  Q  P  G  E  V  N  H
H  P  K  A  Y  E  A  H  E  C  S  F  P  Ç  A  I
```

ALLERGİYA	SAĞLAM
ANATOMİYA	XƏSTƏXANA
İŞTAHA	GIGIYENA
QAN	İNFEKSİYA
KALORI	MASAJ
SUSUZLAŞDIRMA	QİDALANMA
PƏHRIZ	BƏRPA
XƏSTƏLİK	STRESS
ENERJİ	VİTAMİN
GENETİKA	ÇƏKI

40 - Disease

```
S V Y A A R P G J A L Q P U N D
M U O L E Z E E T F E R M T E V
O P L L R Ə L N E G O T A P V L
R P U E W P E E T A T R W O R E
D J X R Z O H T T X R A F B O I
N E U G Z L A İ R E T K A B P Q
İ P C İ Ə E K I N O R X Q A A
S M U Y İ A G T İ K R A F T T R
Ə A M A F D F K L L P B E T İ I
F H Ğ U Q E Ğ J T M D M İ E Y N
Ə Ç I L N Ş L V İ Ü E U R R A Z
N H Z K A I A H H S R L S A C W
H Y D M E M T V A I Ç Ə İ P E A
E P D Ğ O P L E B D Ğ J K İ P U
B Ə D Ə N A A I T Ş K N K Y O P
S Ü M Ü K L Ə R Q P R N Ğ A H O
```

QARIN	İRSİ
ALLERGİYA	İMMUNITET
BAKTERİAL	İLTİHAB
BƏDƏN	LUMBAR
SÜMÜKLƏR	NEVROPATİYA
XRONIKI	PATOGENLƏR
YOLUXUCU	NƏFƏS
GENETİK	SİNDROM
SAĞLAMLIQ	TERAPİYA
ÜRƏK	ZƏİF

41 - Time

```
D H L E U K G L R Ə H Ə S N Ü G
H Ə F T Ə İ E U V L V J S C J Ə
O Q M X Q L C F M K K V H U D L
X İ Й Q Ğ L Ə H Q İ E B Ə A U Ə
A Q H U C İ E Ğ U L O N O L S C
Z Ə A Y Ğ K C Ç P Z H W T U Ğ Ə
U D Q Й T R Ş T S E M E T E J K
P Й Ç Q P K İ A K T A E E F D İ
P O C A B E T F E Й İ S M G Ş L
F E E Ş J E O G M İ G A L U H L
S F A R A R K Z K N Ə N Ü D C I
V S G Ü N O R T A D X E R K Ə N
P Y A X O Й Q Й G İ H J S P W O
T R R A B U G Ü N N K N Ə K Ğ R
U K Й E T Z D E F S L N A G O T
Ş H H N A P A T Ə Q V İ M C Й Z
```

İLLİK	AY
ƏVVƏL	SƏHƏR
TƏQVİM	GECƏ
ƏSR	GÜNORTA
SAAT	İNDİ
GÜN	TEZLİKLƏ
ONİLLİK	BU GÜN
ERKƏN	HƏFTƏ
GƏLƏCƏK	İL
DƏQİQƏ	DÜNƏN

42 - Buildings

```
A W P K G Q Q E Ğ H I T L S X M
G L S Ə F İ R L İ K M E P S Ə Ə
N H E H O T E L I F B A D T S N
U G Z T S A R A Y O Ş T R A T Z
L Ç R Ə S Ə D X A N A R Й D Ə İ
R A K E D O V A Z D İ C Z I X L
Ç H B H B I H L B E K B F O A G
X K F O Е Й Z A M T R Ə A N N I
Q I A M R Ğ V Q U P G T M K A L
L N J K K A Q Y Z Z D K R H F D
A O O F A P T G E S A Ə E Ş K U
Ç A D I R S L O Y Ğ I M F P H K
E Y A Ş N T E K R A M R E P U S
S O U H K Ğ N J L İ Ğ W Ş E Q W
Ğ S K A L K O Q Ş X Y Й M P H Й
U N İ V E R S İ T E T A P E A T
```

MƏNZİL	LABORATORİYA
SARAY	MUZEY
KABİN	RƏSƏDXANA
KINO	MƏKTƏB
SƏFİRLİK	STADION
ZAVOD	SUPERMARKET
FERMA	ÇADIR
XƏSTƏXANA	TEATR
HOSTEL	QALA
OTEL	UNİVERSİTET

43 - Philanthropy

```
F  C  P  Q  T  İ  A  M  İ  T  C  İ  M  R  K  M
O  A  Ç  U  R  H  N  K  Й  E  O  C  E  Ə  Q  İ
N  Y  L  S  K  U  A  S  F  P  R  Q  C  L  L  S
D  I  H  I  T  C  P  E  A  H  R  Ç  P  M  O  S
L  T  G  Y  C  A  H  L  E  N  U  Ğ  Й  E  B  İ
A  H  U  O  A  Ə  H  I  A  P  L  Q  N  L  A  Y
R  E  M  T  Й  Y  N  W  X  R  G  I  Ə  B  L  A
A  M  S  B  E  Y  R  A  L  M  A  R  Q  O  R  P
L  İ  C  M  A  İ  A  W  B  Z  Й  P  A  R  Ə  X
Q  M  N  N  C  L  Ş  X  K  L  N  J  L  P  L  E
A  C  P  B  S  A  N  C  G  W  I  H  Ə  E  D  Y
Ş  W  Ğ  K  O  M  G  F  J  Ç  B  Q  T  F  Ə  R
U  I  N  S  A  N  L  A  R  O  Z  M  A  Z  S  İ
G  Ə  N  C  L  Ə  R  J  Ç  S  Y  Ş  R  R  Q  Y
C  Ç  D  Ü  R  Ü  S  T  L  Ü  K  P  İ  D  Ə  Y
E  P  J  Й  Й  H  C  L  G  M  Й  D  X  L  M  Ə
```

PROBLEMLƏR	QRUPLAR
XEYRİYYƏ	TARİX
UŞAQLAR	DÜRÜSTLÜK
İCMA	İNSANLIQ
ƏLAQƏ	MİSSİYA
MALİYYƏ	EHTIYAC
FONDLAR	INSANLAR
ALICƏNABLIQ	PROQRAMLAR
QLOBAL	İCTİMAİ
MƏQSƏDLƏR	GƏNCLƏR

44 - Herbalism

```
U R V D M K Ə Ç I Ç U E G E A A
G M O S K A U R E Y H A N D X B
O B N E F G R L O Y D Q W V B P
M K B İ T K İ J I L A D Y A F F
E E Q K Ş C V H O N A G E R O C
I Y H Q Ğ Ş F U C R A Q A X A Ə
N F W L A V A N D A A R N W Z F
Ş İ Q Z B S B J A A Й M I Ş Ğ Ə
Ç Y E Z Ü R M B D W Ç B A Y M R
I Y P P U E N I R A M Z O R A İ
L Ə K R Й N H K R Ğ E J A P E A
E T Y A Ş I L R R A Q U G A A Ç
X Ğ O Ğ R W W Ə M S S Z Y A A U
S R X L A K İ T A M O R A K V N
S A F F R O N U T A R R A Q O N
H A I T Z E E O A O B N G X N Ş
```

AROMATİK	TƏRKIB
REYHAN	LAVANDA
FAYDALI	MARJORAM
KULINARIYA	OREGANO
RÜZEY	CƏFƏRİ
DAD	BİTKİ
ÇİÇƏK	KEYFİYYƏT
BAĞ	ROZMARIN
SARIMSAQ	SAFFRON
YAŞIL	TARRAQON

45 - Vehicles

```
Ş Q M Ğ D J G S X T O K E V M Ş
E D A Ü Q K Ç U Q Ş R U M S E H
S U Ç T H P G V P K T A Ç U T B
M V A I A Ə K T Y Y A P K K R R
W Y K T L R R I X A R K B T O X
A E T K Ş Ə Q R K L J Z W V O Й
H C E Й E B B N I Ş A M T E G R
Y Ü K M A Ş I N I K K A A L B P
S U A L T I Q A Y I Q K K O E P
U D R S A L S P P X A A S S S Ş
B V E R T O L Y O T H R İ I K İ
O R A R Ş V M A P C F V K P U N
T F Z F D Q B T U G Ğ A Й E T L
V G W E O Ş Y K V L Q N Й D E Ə
A T Ə C I L I Y A R D I M H R R
P P V O E Ğ T Ə Y Y A R Ə Ğ M U
```

TƏYYARƏ
TƏCILI YARDIM
VELOSIPED
AVTOBUS
MAŞIN
KARVAN
BƏRƏ
VERTOLYOT
MÜHƏRRIK
SAL

RAKET
SKUTER
SUALTI QAYIQ
METRO
TAKSİ
ŞİNLƏR
TRAKTOR
QATAR
YÜK MAŞINI

46 - Health and Wellness #1

```
H M R M D W D A V V A F Ə D H K
Ə Ü A V E Ə Ə L B Y K H S J Ü O
K A Y C E A R Z K P T Ş İ K N H
İ L K A G P A İ Ə Й İ O R P D D
M İ E K K T O C T L V G L Й Ü C
A C A R K E T K O X Ə G Ə Ş R J
H Ə Y Н S K E L F E R L R I L E
K L İ N İ K A A R Й Ə Ğ Ə D Ü P
A Й P A E Й Y P Y F L P D R K A
E E A M K A İ Й I W K Ğ E Ə W C
W Z R R O O R U Ğ Ş Ü K D V H L
G Ğ E Ə A E E K K A M V A R T I
K F T D H E T Y G R Ü Y R P W Q
E P K E I E K W Ğ E S U R İ V E
B N S C E R A L N O M R O H A A
E C L S A C B İ S T I R A H Ə T
```

AKTİV
BAKTERİYA
SÜMÜKLƏR
KLİNİKA
HƏKİM
VƏRDIŞ
HÜNDÜRLÜK
HORMONLAR
ACLIQ
TRAVMA

DƏRMAN
ƏZƏLƏLƏR
ƏSİRLƏR
APTEK
REFLEKS
İSTIRAHƏT
DƏRİ
TERAPİYA
MÜALİCƏ
VİRUS

47 - Town

```
N T D O R A Z A B K Ş U W P V P
B C E M T Y E Z U M V I Q G K R
F A I Y T E T İ S R E V İ N U E
P Z N B X R L M Ə K T Ə B O O S
C A A K S E K L İ N İ K A I V T
O Ğ M Ə P L R M A J I Й N D M O
U A İ R G A A Y P P H Z A A B R
A M L Ö G Q P Ş F H K Z X T K A
H Q A Ç X W O Й I Z Ğ A B S E N
B T V E H E O K S E P Ş A T Ç G
R K A W K Z Z E Ç S P R T A E T
H D H Ç E I Ç K Ü Ç Ü Ç I Ş S K
W N Y Z T O N E A B Ç D K M E S
V Ğ P B P C S O Ş B C Й A M L Ç
Ş C W J A S U P E R M A R K E T
O Ğ F N P K Ğ Z U Q J J A E W T
```

HAVA LİMANI
ÇÖRƏK
BANK
KINO
KLİNİKA
ÇÜÇÜKÇI
QALEREYA
OTEL
KITABXANA
BAZAR

MUZEY
APTEK
RESTORAN
MƏKTƏB
STADION
MAĞAZA
SUPERMARKET
TEATR
UNİVERSİTET
ZOOPARK

48 - Antarctica

```
E K S P E D İ S İ Y A K S Q I Y
Q B U L U D L A R G A Ğ Ç C C W
Ə T E M P E R A T U R S H J I I
N M V E M Y Y Ç C G O U U M A Й
A S O L Y A B A Y İ S A R Q I M
Ə Ğ C M M D Z B R E A Y B B P Z
T Ə T İ Q A K R I I H İ U R U R
O B S H W L D O R C M F K A I Z
C C P A A A H K D A K A C L F D
Y K A X M R C K A O A R D Q S E
I C L R Ğ A A İ J T P Ğ O A D P
R K N E P V Q L B H R O N L M L
X M A Ç A E Z M Ş J K C M Z P V
U F Ç U Y Z E O K U N Й J U Y H
Ə T R A F M Ü H I T Q B E B A K
T O P O Q R A F İ Y A M P T P H
```

BAY
QUŞLAR
BULUDLAR
QƏNAƏT
QİTƏ
COVE
ƏTRAF MÜHIT
EKSPEDİSİYA
COĞRAFİYA
BUZLAQLAR

BUZ
ADALAR
MIQRASİYA
YARIMADA
ROKKİ
ELMİ
TEMPERATUR
TOPOQRAFİYA
SU

49 - Ballet

```
Ə C L İ Q İ S U M H D T Y H Ğ R
Z İ Й O F K V L L I Ə E L I M Ə
Ə Ç N N W A V J U Y R X Ş Y Q Q
L F K T H I D H Ç D S N J A U Q
Ə D E S E H I Ə B Q L İ T Й A A
L D S E Q N N A L T Ə K T Й T S
Ə R Ç J X T S Y N İ R A S T O Ə
R S O L O Й C I I D Ə B W C R L
T E G A N D P R V E Z P D Ğ Z Ə
S F Й Ğ Ç K N O P L M Ə Ş Q E R
E P H H D J G T R Q I R A C A B
K N K A N I A I M İ A K Ç H Y P
R P J R O L Ç D R J T V İ H O P
O O P R Й K A U D I J M W S H P
T Ə C R Ü B Ə A B Ə S T Ə K A R
X O R E O Q R A F İ Y A D H K U
```

BƏDII	MUSİQİ
AUDITORIYA	ORKESTR
XOREOQRAFİYA	TƏCRÜBƏ
BƏSTƏKAR	MƏŞQ
RƏQQASƏLƏR	RİTM
İFADƏLİ	BACARIQ
JEST	SOLO
İNTENSIVLIK	QUATORZE
DƏRSLƏR	TEXNİKA
ƏZƏLƏLƏR	

50 - Fashion

```
N N Y B L B A U K Ç Q B Ğ A E S
K E Ğ N O E G E Й W H A Ğ J M A
W V O U P U R S D E L U B E M D
Ğ T D N E R T K L M D R Y Q T Ə
A E A N B C G I L A H A B U Ə E
Q K V H L Q N P Q F A A R A V K
H S E P A H Ö F R U K V Й T A X
F Ü J O N R L I K A E I E O Z Z
N R U D İ A Ç R A P K X H R Ö Q
U İ R R J T Ü Ə G L A T O Z K E
E S K P İ U L Z A H N M İ E A L
A A H E R Ş Ə Ç O K B I A K R H
V Ü G E O M R Ə L Ə M Y Ü D İ A
G M I N I M A L I S T E H E Q Ç
F T Z K F E S F P I I G Y Y A U
X G I G P E J E N B Z R Й P Ç K
```

BOUTIQUE
DÜYMƏLƏR
GEYIM
RAHAT
ZƏRIF
BAHALI
PARÇA
KRUJEVA
ÖLÇÜLƏR

MINIMALIST
MÜASİR
TƏVAZÖKAR
ORİJİNAL
PRAKTİKİ
SADƏ
QUATORZE
TEKSÜR
TREND

51 - Human Body

```
Ş F P B P S I W B X I Z A F G P
B A R M A Q Ü E Y J F N F Z S M
O Q F L B A Ü M E S E H G J S W
Z B E Q E H R Ç Ü U T N N D Ş H
Z S P G Y Ş Ə U V K Ğ P M I P Z
N Y M M İ N K P B E L Q M Ç S Y
Ç W E T N U Y O B S Ə Ə J R T A
A Ə P T Ç R X F Q R I L R G C Q
C N N Y I U Ç Y Y İ I K A Z C J
N I T Ə F B K K P D Q A S J K Z
A Y A Q Y R Ğ I S I Ş Q U L A Q
F I Ç C L P H Ü Z C Q A Y A R D
C Ç E J G Z I Ş İ A M Ğ B Q L Ə
B D T H U F Ğ Ş D D A I A A Q R
E K A Ç Z N N P Ş P I Z L B A İ
M P Ş J C S O Й C A I H P D N A
```

AYAQYRĞISI	BAŞ
QAN	ÜRƏK
SÜMÜKLƏR	ÇƏNƏ
BEYİN	DİZ
ÇN	AYAQ
QULAQ	AĞIZ
DİRSEK	BOYUN
ÜZ	BURUN
BARMAQ	ÇIYIN
ƏL	DƏRİ

52 - Musical Instruments

```
Q  M  P  Q  Q  J  H  A  Y  Й  R  K  P  M  Й  Q
V  A  E  G  T  H  A  R  A  T  İ  G  V  N  K  U
I  Q  Y  C  I  P  R  Ə  K  X  G  H  A  O  A  B
V  V  Ş  Z  X  P  M  G  Ç  R  Й  Y  D  O  A  Y
B  I  A  P  B  G  O  N  A  I  P  Ç  I  S  L  Ş
M  O  O  Ş  D  P  N  O  F  O  S  K  A  S  Ç  Ş
A  O  R  L  E  F  I  O  C  Ş  P  A  L  A  Ş  J
N  B  B  U  O  X  K  J  G  T  R  O  M  B  O  N
D  O  K  O  J  N  A  B  W  E  A  Y  A  H  E  S
O  E  P  U  X  C  Ç  S  S  N  M  R  H  N  Й  K
L  H  K  Ç  Q  Y  İ  E  K  R  R  K  A  Y  F  R
I  M  A  R  İ  M  B  A  L  A  T  Y  E  L  F  I
N  Й  A  X  S  W  V  O  N  L  F  B  G  G  R  P
A  I  Ğ  X  S  Й  T  X  G  K  E  D  Ş  S  C  K
Ç  K  K  P  P  J  O  C  X  C  F  M  Ğ  Ş  F  A
Z  Ə  R  B  E  Q  F  G  R  K  W  G  U  B  L  Й
```

BANJO	MARİMBA
BASSOON	OBOE
VIOLONÇEL	ZƏRB
KLARNET	PIANO
FLEYTA	SAKSOFON
GONG	KƏRPIC
GİTARA	TROMBON
HARMONIKA	BORU
ARP	SKRIPKA
MANDOLIN	

53 - Fruit

```
O P G E Y F I B W Ş Z A A A A I
J V Z H L N L İ M O N L V N Ğ L
N E K T A R İ N U Ü J M O A Z Ğ
L O Ğ V K İ R Ə N U Z A K N M A
G C I L A T F A Ş C I Ü A A P K
Z X Z G T Z L X M E N K D S B Ş
Ş K E Y R R E H C Ə H P O T X A
U B K A O B H Ğ I V I K Q Z P L
D H B P P E B M D Y O P N P G R
A Й N T J E A Й Q E P S A L Q L
G K K R Ş Ş Y D U M R A M H O E
Q X O U H Q S H R Ə U V P Ğ Z P
O Y M K G W L L O L N A N A B P
V K X P O T K J M I A U C X Y V
U Y W S K S A C P G D Q Q V C A
N B L E S H M M P W A T T B K A
```

ALMA	LİMON
ƏRİK	MANQO
AVOKADO	QOVUN
BANAN	NEKTARİN
GİLƏMEYVƏ	PORTAKAL
CHERRY	PAPAYA
KOKOS	ŞAFTALI
ÜZÜM	ARMUD
QUAVA	ANANAS
KIVI	MORUQ

54 - Engineering

```
D  Z  N  D  F  T  F  Ö  U  J  M  H  X  Z  D  W
P  Ğ  B  Y  Z  İ  B  J  L  E  Z  İ  D  H  I  Ç
U  V  A  Q  B  K  J  Ğ  O  Ç  T  Q  B  E  O  H
M  A  Y  E  U  İ  Q  H  Q  O  Ü  Y  K  V  R  C
V  K  N  H  C  N  I  Ş  A  M  Q  C  I  R  P  V
Y  J  S  I  A  T  C  Y  Y  A  O  Й  L  Ğ  O  X
W  P  H  G  Q  İ  Ş  A  I  A  Ş  Ş  T  U  H  U
E  S  T  R  U  K  T  U  R  D  Y  Ç  I  K  E  U
D  N  A  K  Ə  T  K  R  Ş  İ  P  M  B  V  S  H
Ğ  K  E  I  Ç  E  V  Й  A  A  F  A  A  M  A  A
W  D  A  R  R  Й  P  A  Ş  M  A  R  S  Q  B  Й
O  A  Ş  R  J  Y  Z  W  J  E  M  Q  H  H  L  X
J  M  H  Ə  Q  İ  E  G  Й  T  O  A  H  Q  A  D
A  O  U  H  S  J  S  R  P  R  Ş  I  G  W  M  H
R  Ə  L  Ü  Ç  L  Ö  X  Ş  U  V  D  Ü  N  A  C
X  Ş  H  M  D  Ə  R  I  N  L  I  K  C  D  B  N
```

BUCAQ
OX
HESABLAMA
TİKİNTİ
DƏRINLIK
DIAQRAM
DİAMETR
DİZEL
ÖLÇÜLƏR
YAYMAQ

ENERJİ
QOLU
MAYE
MAŞIN
ÖLÇÜ
MÜHƏRRIK
TƏKAN
SABITLIK
GÜC
STRUKTUR

55 - Government

```
V C K S J M U V D Q Q Q J A P X
F H H Y V Ü K Y R X Q C A H S M
J H G M A Z O Ş I X I Ç İ N P T
M D E B G A L R O P L P K V U U
B Ə Й O B K X R I Ə D A L Ə T N
C E H L J İ F E K D A Y Ü D K I
Z E W K I R H B P İ Z İ M Ö İ J
P N H P Ə Ə P A P B A S M V L N
P K X Y E M S Ğ S A T U İ L R G
P C T M Ş E Ə K Ç Й E T L Ə Ə C
S İ Y A S Ə T C R E D İ L T B E
L H Y D Й H Ş U L P I T Ə Y A E
M Ü S T Ə Q İ L L İ K S T I R Y
E W I H I Q I L Ş A D N Ə T Ə V
D E M O K R A T İ Y A O X G B J
R A Y O N M Q Z Й Y N K E Ğ A C
```

VƏTƏNDAŞLIQ	QANUN
MÜLKİ	LİDER
KONSTİTUSİYA	AZADLIQ
DEMOKRATİYA	ABİDƏ
MÜZAKİRƏ	MİLLƏT
RAYON	SAHİB
BƏRABƏRLİK	SİYASƏT
MÜSTƏQİLLİK	ÇIXIŞ
MƏHKƏMƏ	DÖVLƏT
ƏDALƏT	SYMBOL

56 - Art Supplies

```
Y A R A D I C I L I Q A K Q H P
F S E X H U H D E M F O A A S A
I A K W Y Q M Ə T D R T G E J Y
R M İ Ö A I T Z S R Ə N G L Ə R
Ç O L Q M E W G A A W Q Y G N V
A A I W K Ü M A P L W Ə S H İ D
L K R L W U R H Ş A L L V A E L
A V K Й X L E V Й Y D Ə Ğ C L P
R A A K K Z G H A E S M G X S T
Z R F Ş N A Z O P D U L H N L H
J E O A Q Ç M X I I M Ə E E K H
C L A G Z E Z E Z E U R A T H Й
N K H M Й Ç I Ş R P U Y S A A X
G T T P Y A Ğ Ğ N A Q Ş I P A Y
E B Й X E S A N G K I S Ə D R O
F X K P B Ə K K Ə R Ü M F R E T
```

AKRILİK	YAPIŞQAN
FIRÇALAR	IDEYALAR
KAMERA	MÜRƏKKƏB
SƏDR	YAĞ
KÖMÜR	KAĞIZ
GİL	PASTEL
RƏNGLƏR	QƏLƏMLƏR
YARADICILIQ	MASA
DƏZGAH	SU
POZAN	AKVAREL

57 - Science Fiction

```
X  P  A  R  T  L  A  Y  I  Ş  O  N  I  K  F  D
X  Ə  P  Q  D  Ü  N  Y  A  N  R  I  K  E  A  İ
B  R  Y  D  A  I  Й  G  V  G  A  Ğ  İ  A  N  S
P  A  E  A  İ  L  R  İ  S  Q  C  N  T  C  T  T
E  L  O  A  L  Ç  A  X  K  Ş  L  A  A  H  A  O
F  T  A  Y  L  İ  K  K  İ  F  E  Y  B  K  S  P
T  O  P  İ  K  I  J  B  T  E  E  U  L  Y  T  İ
İ  B  W  G  E  F  S  A  S  I  U  L  A  E  İ  Y
L  O  M  O  T  A  L  T  İ  L  K  F  R  D  K  A
L  R  K  L  Q  Q  K  K  R  U  M  A  H  V  X  Y
Ü  H  Y  O  K  D  F  U  U  P  L  A  N  E  T  İ
Z  C  B  N  U  Z  A  Q  T  Ş  Й  H  S  E  C  P
I  F  O  X  B  Y  T  U  U  E  Й  G  H  B  C  O
Y  Ç  W  E  O  Й  B  F  P  B  K  Ş  P  H  T
A  U  Ç  T  Ğ  Z  H  A  Q  I  T  C  G  P  Y  U
G  P  Y  H  P  H  N  H  E  A  C  E  K  F  E  I
```

ATOM	İLLÜZIYA
KİTABLAR	XƏYALİ
KINO	SİRLİ
UZAQ	ORACLE
DİSTOPİYA	PLANET
PARTLAYIŞ	REALIST
FANTASTİK	ROBOTLAR
YANĞIN	TEXNOLOGİYA
FUTURİSTİK	UTOPİYA
QALAKTIKA	DÜNYA

58 - Geometry

```
S N A F S Z Ə S D X T W R K O K
H K A M U P Y Ə A R G A T D Ğ E
K E Ü Ç L Ö R T İ E L H E K E F
V K S F E Ğ I H R S E Q M E N T
A Ş Ç A Ü M Z I Ə R L İ A Ç I S
D Q Q P B Q T Q K D A T İ C L O
R H E W N L I Z E A R N D Ə U F
A G P B T K A O E V A Ə M L Q B
T A R S P I R M Y L P M N T A J
A K S F D T P Q A C U B Ç Ü Ş R
Й N A A Q H Ü N D Ü R L Ü K M E
M A Y İ R T E M M İ S Ç Y İ A P
N Ə Z Ə R İ Y Y Ə N L P T L Y K
S Ğ K P N C H M G Ç F H R N Z M
S L Ğ P Z P H E F G N S M Ə X E
P C Ş Ş J O Й I U X D Y L T K M
```

BUCAQ	KÜTLƏ
HESABLAMA	SAY
DAİRƏ	PARALEL
ƏYRI	SEQMENT
DİAMETR	KVADRAT
ÖLÇÜ	SƏTHI
TƏNLİK	SİMMETRİYA
HÜNDÜRLÜK	NƏZƏRİYYƏ
ÜFÜQI	ÜÇBUCAQ
MƏNTİQ	ŞAQULI

59 - Creativity

```
R  C  H  S  Ş  F  W  I  O  I  D  J  İ  U  F  J
H  Q  Ə  Ç  P  L  B  Й  K  C  R  S  N  K  G  P
K  H  Q  Z  K  O  R  P  J  R  A  I  T  B  Ç  X
Ç  M  İ  V  U  N  N  Y  K  K  M  Ğ  U  Й  L  B
O  Q  Q  Z  Q  Q  Ğ  T  A  T  A  Й  İ  N  I  Ə
B  I  İ  Ş  K  Q  H  G  A  K  T  P  S  J  J  D
M  L  L  H  B  P  I  A  U  N  İ  Y  İ  E  K  I
M  I  İ  İ  G  O  W  L  D  H  K  V  Y  L  V  I
J  Ç  Y  S  Ç  R  D  M  N  Ç  T  Ş  A  L  T  N
C  A  İ  S  İ  F  A  D  Ə  İ  T  X  K  N  Ç  K
H  R  N  L  A  S  U  G  Y  U  D  Ə  M  R  Ö  G
V  I  İ  Ə  B  A  C  A  R  I  Q  Y  V  Z  J  A
E  T  S  R  A  L  A  Y  E  D  I  A  A  K  J  J
H  X  A  S  Ş  Ə  K  İ  L  K  İ  L  İ  R  İ  D
Ç  I  K  M  I  T  Ə  Ə  S  S  Ü  R  A  T  Z  J
İ  N  T  E  N  S  I  V  L  I  K  İ  L  H  A  M
```

BƏDII   TƏƏSSÜRAT
HƏQIQILIYINI   İLHAM
AYDINLIQ   İNTENSIVLIK
DRAMATİK   İNTUİSİYA
DUYGUSAL   IXTIRAÇILIQ
İFADƏ   HISSI
HİSSLƏR   BACARIQ
IDEYALAR   SPONTAN
ŞƏKİL   GÖRMƏ
XƏYAL   DİRİLİK

60 - Airplanes

```
H  D  K  C  Y  Ğ  W  T  Ç  N  P  R  K  P  G  S
V  P  A  İ  Z  Y  Ö  G  T  H  E  B  U  P  H  Q
B  W  A  E  T  A  K  D  H  Й  R  Z  Ğ  X  X  K
O  D  H  Ə  M  N  E  Q  I  U  V  Z  Z  D  A  I
H  C  A  N  G  A  İ  V  E  Ç  A  T  D  E  Z  L
E  K  V  X  T  C  F  K  L  Ğ  N  X  İ  R  A  T
Y  L  A  N  E  A  V  Ş  İ  N  E  J  Z  W  R  N
J  M  B  H  Q  Q  H  Й  K  T  H  N  A  H  K  E
A  T  M  O  S  F  E  R  V  X  O  V  Y  R  N  L
P  A  M  S  Ə  R  N  I  Ş  I  N  L  N  Й  H  U
I  H  Ü  N  D  Ü  R  L  Ü  K  A  A  İ  F  N  B
K  I  R  R  Ə  H  Ü  M  N  Й  Ç  U  P  P  T  R
E  Y  E  Q  F  M  H  İ  D  R  O  G  E  N  Ç  U
P  H  B  X  Ş  V  Y  E  Q  P  Q  P  I  A  F  T
Y  T  Ə  M  A  Q  İ  T  S  İ  E  K  G  N  I  Q
M  F  P  B  R  Й  M  A  C  Ə  R  A  G  Z  S
```

MACƏRA	YANACAQ
HAVA	HÜNDÜRLÜK
ATMOSFER	TARİX
ŞAR	HİDROGEN
TİKİNTİ	ENİŞ
EKIPAJ	SƏRNIŞIN
ENMƏ	PİLOT
DIZAYN	PERVANE
İSTİQAMƏT	GÖY
MÜHƏRRIK	TURBULENTLIK

61 - Ocean

```
S  E  N  Ç  G  P  O  A  U  V  Q  Y  I  Ş  D  U
A  Ü  J  A  U  H  Y  T  I  S  B  A  Ğ  A  A  C
J  N  N  Y  A  T  S  F  F  O  Ş  Z  X  Ğ  L  M
Q  E  I  G  X  B  T  Q  B  N  J  U  K  Z  Ğ  A
C  Ğ  H  N  Ə  P  E  K  A  R  I  D  E  S  A  A
Ə  L  P  F  İ  R  R  H  L  G  C  G  O  V  L  V
L  K  L  O  S  I  A  N  I  T  R  I  F  R  A  H
L  E  O  Й  C  E  L  A  J  A  H  H  Q  R  N
A  Q  D  D  B  E  H  E  A  T  U  N  A  Ş  M  Ç
D  B  G  W  A  Й  J  T  L  M  B  H  L  P  X  F
L  Z  H  Y  L  Ş  P  Ç  K  Y  R  N  P  Z  A  D
A  Ş  A  N  I  L  A  B  E  X  A  A  U  E  V  I
R  M  E  Y  Q  T  G  E  O  R  O  C  B  W  C  D
K  Ö  P  Ə  K  B  A  L  I  Ğ  I  R  R  A  H  K
Ç  E  W  A  O  K  T  O  P  U  S  Ə  S  E  Q  G
P  A  N  K  P  Ç  I  Ğ  M  J  G  M  Ş  C  E  J
```

MƏRCAN	KÖPƏKBALIĞI
CIR	KARIDES
DOLPHIN	SÜNGƏR
EEL	FIRTINA
BALIQ	QABARMALAR
CƏLLADLAR	TUNA
OKTOPUS	TISBAĞA
OYSTER	DALĞALAR
RİF	BALINA
DUZ	

62 - Force and Gravity

```
J  Z  Ğ  M  Z  İ  T  E  N  Q  A  M  C  A  H  H
L  G  F  G  Ə  F  A  S  Ə  M  C  U  O  M  H  Ə
Ç  P  V  S  F  R  Ə  L  T  E  N  A  L  P  B  R
Ğ  U  R  L  C  İ  K  İ  M  A  N  İ  D  N  Ç  Ə
E  N  N  Ç  D  S  D  Ə  Й  U  V  H  K  E  Z  K
M  E  S  İ  T  Ə  K  Ş  Z  F  E  D  P  H  X  Ə
P  Z  H  Ü  V  T  Z  S  Ü  R  T  Ü  N  M  Ə  T
H  R  Q  O  R  E  F  V  G  T  A  O  X  M  T  Ç
O  R  B  İ  T  Ə  R  F  İ  Z  İ  K  A  E  Ə  L
U  Z  Й  X  F  X  T  S  K  A  A  C  M  X  Z  Ç
M  F  A  J  F  G  T  X  A  V  Ğ  R  H  A  Y  Ə
G  E  N  İ  Ş  L  Ə  N  P  L  O  K  S  N  I  K
A  B  M  K  Ə  Y  A  R  A  T  M  A  Q  I  Q  İ
E  W  L  Ş  K  K  P  T  B  M  R  G  H  K  W  E
Ğ  A  E  N  P  N  I  G  Q  X  E  T  P  I  U  E
K  T  G  X  N  P  L  Й  Ç  A  U  P  Ğ  B  A  S
```

OX	HƏRƏKƏT
MƏRKƏZ	ORBIT
KƏŞF	FİZİKA
MƏSAFƏ	PLANETLƏR
DİNAMİK	TƏZYIQ
GENIŞLƏN	SÜRƏT
SÜRTÜNMƏ	VAXT
TƏSİR	YARATMAQ
MAQNETİZM	UNIVERSAL
MEXANIKI	ÇƏKİ

63 - Birds

```
K Y B F I A Ö Ğ P T H Ç Ç Q B P
A Ç Ç Ğ W J G R H E E J Ç T X Ğ
H Q Q X Y A T R D A Ç Ş D K Ç J
A F I U Ş U Q Ə V Ə D E W Ə Ş F
P P M E E R A Y J G K V N L F W
E S Q U Ş U R M E H J G A Y Ş H
Й L U Ş N Q T Q B E R H K E E M
K M Y U L S A A Ş P J J U L H H
A J O Q P P L Z K S İ K T Ş E H
H A T U Q A Ğ R A Q Y N G X N E
H G V T W R P E K T Z M Q A A R
L Ğ P U P R Y U M U R T A V K O
H L H T G O Y Z O Ş L B D Й İ N
W Q Ş U A W Ş W A B Y B Y R L N
F I Z Z D Q P K C E U D A J E O
H D F L A M İ N Q O A M Q A P Ğ
```

КАНАРЕЙКА	HERON
TOYUQ	DƏVƏQUŞU
QARĞA	TUTUQUŞU
QUŞU	PEÇENYE
ÖRDƏK	PELİKAN
QARTAL	PİNQVİN
YUMURTA	SPARROW
FLAMİNQO	LEYLƏK
QAZ	QU
QAYDA	TUKAN

64 - Art

```
K D C I K D P S Y M B O L S A B
T E Y A R A T M A Q J A A Q Q J
P Й R I V S Ə T T Ş D R N P U D
I Ə D A F İ K I Z Y Y P İ O C S
C H P P M T Ə R K İ B İ J E Z Ş
Й Z E Ç A İ B P Ş P T D İ Z K L
B W L Ğ H D K Ğ U F F X R I D G
Ş E X Q L Q S A C X H E O Y P D
Ə Ğ M Z İ L A E R R Ü S H A H T
X K K P M Ö V Z U S M B A A E C
S K E L P M O K E Y A U D S Z Ş
İ E I Ə A Ğ P I P U B D Ç N J C
A I H K Ə Y A N İ B I K Ə H T S
C Q H Y S C T Ə H V A L K D Ç O
C Ğ H E T K T D Ü R Ü S T S J O
M P Й H B K Ğ H K S Y C L H L Й
```

KERAMİKA	ŞƏXSİ
KOMPLEKS	POEZIYA
TƏRKİBİ	TƏSVIR
YARATMAQ	HEYKƏL
İFADƏ	SADƏ
DÜRÜST	MÖVZU
İLHAM	SÜRREALIZM
ƏHVAL	SYMBOL
ORİJİNAL	ƏYANİ

65 - Nutrition

```
K Q P Ş Q N İ M A T İ V F X U E
V E İ R R R Ş S O S N L Y Ş D İ
Q X Y D Ç Q T R A Ğ E Ğ O K Й K
K J E F A R A L T A Y Y I V D Ə
K P E H İ T H Й O Ş K X X N K Ç
V R K F P Y A P H Ş U U M Ç A Q
H Ə D A D Ğ Y Ç B D P M N Q L E
Q Z R J N L Ş Ə P Ç Q A C I O Z
C P O D V S Y U T J I A G Y R Ü
G N I G İ P M A Y E L Ə R H İ L
O I Y A L Ş A S E W M Z Ə H E A
T O K S İ N L Q N W A I N X W L
X A V P H R Ğ Ə R N L R H S C L
L K Ş E Й S A H R O Ğ H O H J A
I Z Q G X B S C Ş İ A Ə K X Ğ R
Y Ğ M K Ç F V E L R S P X S K F
```

İŞTAHA	MAYELƏR
ACI	QİDA
KALORİ	ZÜLALLAR
PƏHRIZ	KEYFİYYƏT
HƏZM	SOS
DAD	ƏDVIYYATLAR
VƏRDİŞLƏRİ	TOKSİN
SAĞLAMLIQ	VİTAMİN
SAĞLAM	ÇƏKİ

66 - Hiking

```
P  X  Ə  R  İ  T  Ə  İ  Y  S  Q  O  A  B  İ  H
Y  A  U  Q  H  Q  K  Q  P  Y  U  R  İ  Ğ  A  E
O  W  R  H  A  V  A  L  Q  F  F  İ  L  K  F  Y
R  E  Ç  K  Z  Ğ  M  İ  N  A  H  Y  B  İ  L  V
Ğ  Ğ  Z  Z  L  U  G  M  B  J  J  E  Q  H  Й  A
U  X  X  A  T  A  H  F  Ş  G  P  N  Ğ  G  Q  N
N  Й  J  P  W  U  R  X  H  Ü  G  T  U  Z  W  L
N  W  K  R  T  A  Ğ  B  E  N  R  A  W  K  S  A
A  Й  U  T  Ə  İ  B  Ə  T  Ə  Ş  S  O  A  X  R
X  H  A  D  V  L  A  K  G  Ş  H  İ  T  L  D  Ş
D  Ü  Ş  Ə  R  G  Ə  V  R  İ  Z  Y  S  C  K  A
D  A  Ş  L  A  R  M  M  P  D  Z  A  E  İ  K  A
Q  X  Q  P  F  F  Ç  Ş  K  Q  H  E  Y  Ş  U  A
Ş  E  A  Ğ  M  Ğ  R  Ə  L  Ə  K  Ü  L  H  Ə  T
Ş  T  H  A  Z  I  R  L  I  Q  Ç  A  Y  Ə  F  T
C  Ç  H  D  J  X  L  N  Ğ  K  H  Й  Q  V  P  G
```

HEYVANLAR	ORIYENTASIYA
ÇƏKMƏLƏR	PARKLAR
DÜŞƏRGƏ	HAZIRLIQ
KLIFF	DAŞLAR
İQLİM	ZİRVƏ
TƏHLÜKƏLƏR	GÜNƏŞ
AĞIR	YORĞUN
XƏRİTƏ	SU
DAĞ	HAVA
TƏBİƏT	VƏHŞİ

67 - Professions #1

```
R Ə Q Q A S S Ə F İ R A R U H Q
V Ə C O K D H Q K Ç P S H N H G
Ə F G B I H F A R Q O T R A K E
K A Y R D C U T P Ş R R I I Ş O
I Ç R K Ə Ç H Y H Ə E O N R P L
L N Ç Q R Z G Ş D M T N F A I O
J I S I C A B B B I T O C N A Q
R E D A K T O R A I D M S I N Ç
E N M D O W H O M N I L V R O X
Ç D İ E A V W L L U K Y S E Ç Q
H P K İ N X E T N A S I Ç T U N
F H Ə Q P H M A P Ğ Ç İ R E Ç Й
S Й H P S I X O L O Q V Q V V A
F S Ğ Ğ X F K W D Ə R Z İ İ O D
H Ü Q U Q Ş Ü N A S C N L K Ç T
O Ç G A Ğ C X L M E M X N H U İ
```

SƏFİR	OVÇU
ASTRONOM	ZƏRGƏR
VƏKIL	HÜQUQŞÜNAS
BANKIR	MUSİQİÇİ
KARTOQRAF	TIBB BACISI
MƏŞQÇİ	PIANOÇU
RƏQQAS	SANTEXNİK
HƏKİM	PSIXOLOQ
REDAKTOR	DƏRZİ
GEOLOQ	VETERINARIAN

68 - Barbecues

```
E C X F V S Z Z P O G G K V M F
E Й T K P Й N E Ə V Y E M Y X A
N A Ç B A Q A P Ğ P M U R F A Ç
A C L I Q P A E I Й E X N Ə S Y
Ğ Ğ Y Ğ U İ Q İ S U M Й E L N U
O I Ğ U Y S D O S T L A R İ A N
S F Й J O T H D O Ğ S A A D R
Q M C P T İ W J S A E I L S I A
G Q I Ç B W W C K L N A Q Y Q L
T R A H A N B S Y A E J A A F Q
O O I Й W D P Ğ P T S X Ç K D A
Y D K L A K F T F L Y Y I N U Ş
F I K O L I E I G A Й W B Ğ Z U
B M R E P E Q Q E R Ğ A Y V F B
E O T Ə R Ə V Ə Z L Ə R A A E B
R P Y R X B W K B O A Q M E S Y
```

TOYUQ	ACLIQ
UŞAQLAR	BIÇAQLAR
NAHAR	MUSİQİ
AİLƏ	SOĞAN
QIDA	SALATLAR
DOSTLAR	DUZ
MEYVƏ	SOS
OYUNLAR	YAY
GRILL	POMIDOR
İSTİ	TƏRƏVƏZLƏR

69 - Chocolate

```
D A D L I K Ş E Ç P T Ş K W N N
N Y H E K E Ə N E I O Ş İ A A Й
W H C M G Y K W Ş V Z Q T R D E
Ğ Ş Ğ A G F Ə V Ğ B T E O Y İ V
U K K R G İ R A U H T K Z S S N
F H Ğ A A Y F I S T I Q K M K N
Y Ğ N K A Y E İ L M İ V E S O Y
L Z N R J Ə A Y R E J O Y R İ E
K Q C Ğ I T N Q B O D E Ğ E T M
F O R M R P M O U G S I X H N Ə
A L K C V E O A K A K P S Ğ A K
I J N O Z S Z J C V R Й N D A D
P E X K S E P J V I K A L O R İ
P F Ğ G W R T Ə R K I B A H E A
H Q M C K Z J S T O Z Ğ C Q C M
Ğ A Ğ U F A T K L H H P M Ç E O
```

ANTİOKSİDAN	TƏRKIB
ACI	FISTIQ
KAKAO	TOZ
KALORİ	KEYFİYYƏT
KARAMEL	RESEPT
KOKOS	ŞƏKƏR
DADLI	ŞİRİN
EKZOTİK	DAD
SEVİMLİ	YEMƏK

70 - Vegetables

```
M T Q Ç Ş J P O K D P Z A Y X T
G X E S L Ş J S Q O U A R A B U
Ö K G V E Ğ P K A A G C T D R R
B E O İ J S U O Q L P Y I G O N
Ə Z V R V H U Q A N A P S İ K İ
L I F Ə C N Ə Z B N P T H Ğ O P
Ə N E F I J Y İ L Ğ C E O D L Й
K Ö K Ə Й E H V A E N P K Q I Ç
S J U C E H Z Ə B K P B R J R D
Z P Q A S M I R A S N O X U D S
Ş W X B I O E Ə R N R E Y B T Q
U K Ş N H X Ğ K B A D I M C A N
G R G R A Z M A H P V H S M S O
M K Ğ J F E R I N L R Y T H B K
P O M I D O R A Y İ X R C E G Q
K A R N A B A H A R U P N V D U
```

ARTISHOK	SOĞAN
BROKOLI	CƏFƏRİ
KÖK	NOXUD
KARNABAHAR	BALBAQAQ
KƏRƏVİZ	TURP
XİYAR	SALAT
BADIMCAN	FAHISE
SARIMSAQ	İSPANAQ
ZƏNCƏFIL	POMIDOR
GÖBƏLƏK	TURNİP

71 - The Media

```
İ K R W P K J G Ş R Й Й C Y Ç J
A Й R K T T Q T B Ə X C K E Ç U
M A L I Y Y Ə Ş I Й B U Y R İ R
İ O N L A Y N Q A K H Ə H L N N
T R Ə Q Ə M S A L Й L V K İ T A
C Ş Ü L D Ş Ə K İ L L Ə R Ə E L
İ Ə Q N S Ə N A Y E F O Ğ P L L
P N Ə K S O A I S F Ə E T S L A
H Q Z E L I U E İ H R K Ə K E R
X Y E O E H Y J R R D G H Ş K I
L G T Z H E J Y I A İ W S T T W
Z U L J A D Q J Ə L X N İ T U Ş
M S Ə C P V N P V T K R L K A Y
A A R E V K L D P K I Ç Ə Z L K
K O M M E R S I Y A R T M Y I J
İ W O H A E P P P F W K Q U M H
```

KOMMERSIYA   SƏNAYE
ÜNSIYYƏT   İNTELLEKTUAL
RƏQƏMSAL   YERLİ
NƏŞR   JURNALLAR
TƏHSİL   ŞƏBƏKƏ
FAKTLAR   QƏZETLƏR
MALIYYƏ   ONLAYN
ŞƏKİLLƏR   RƏY
FƏRDİ   İCTİMAİ

72 - Boats

```
G Q J Z E T Z P K E P W Y O O R
T A U E K Ş S T K X T C I Y W E
B M C Y I S A H L E Z A M V P H
Ğ I M Y E G S T E Ğ E J Y W E J
D Ş Q T X K S M E M F K B U O Y
L Ə D D G Ç D N R A M A I A Ç A
A R N A E K O A J S U Y N P S Ç
J Ə P İ U E P O L T C A K L A Й
K B Ç I Z Ş Ç K A Ğ B K Ğ Ğ İ J
M Ü H Ə R R I K S K A Й D W P H
H H G P O Z E D G F J L H A J F
O Ç S P H L K R H H D O A G Y Ğ
Ş W T N C V P C U F K Й V R A T
K A Ç C N M B I B A L P L L X C
X A F Y A G Ö L K A N O E R T N
S Й G P N R K Y B Ç R Q G E A I
```

ANCHOR DƏNİZ
BUOY OKEAN
KANOE SAL
EKIPAJ ÇAY
MÜHƏRRIK İP
BƏRƏ QAMIŞ
KAYAK DALĞALAR
GÖL YAXTA
MAST

73 - Activities and Leisure

```
B  İ  V  Z  Ğ  H  K  P  Й  S  P  X  L  D  V  Q
E  O  N  P  D  D  G  X  K  G  K  B  İ  Q  O  O
A  U  K  C  K  X  F  Q  M  Ş  K  W  İ  D  L  L
N  L  H  S  Ə  T  E  N  N  İ  S  B  Й  T  E  F
B  H  İ  K  Y  S  J  K  F  R  Ö  S  D  İ  Y  T
E  P  L  Ş  K  K  Ə  R  C  A  Q  R  Ş  T  B  Ş
Y  E  O  L  V  Й  Й  N  Ğ  Y  N  Y  Ə  X  O  K
S  T  N  Q  H  E  E  U  Ə  Й  W  H  G  Q  L  Ə
B  X  X  G  L  D  R  J  E  T  T  U  R  İ  Z  M
O  F  U  T  B  O  L  I  Ğ  L  L  K  Ə  L  A  L
L  S  Ə  Y  A  H  Ə  T  Ş  E  Ş  Z  Ş  İ  G  Ə
V  Ğ  J  D  A  L  I  Ş  M  D  Ş  Q  Ü  Ç  L  C
J  W  O  X  L  Й  X  P  B  Ç  O  B  D  Ğ  E  N
G  N  E  F  S  Q  I  L  I  Ç  Q  I  L  A  B  İ
B  A  S  K  E  T  B  O  L  O  M  K  V  B  R  D
Ş  K  Ç  Ü  Z  G  Ü  Ç  Ü  L  Ü  K  V  Й  D  X
```

İNCƏSƏNƏT

BEYSBOL

BASKETBOL

BOKS

DÜŞƏRGƏ

DALIŞ

BALIQÇILIQ

BAĞÇILIQ

QOLF

TURIZM

YARIŞ

DİNCƏLMƏK

ALIŞ-VERIŞ

FUTBOL

SÖRF

ÜZGÜÇÜLÜK

TENNIS

SƏYAHƏT

VOLEYBOL

74 - Driving

```
L İ S E N Z İ Y A H P V H U Ğ M
T A N P V K J L U O Ə O H V Z A
Ə Ş B Й Ş R Ş S Y Ğ T R L O Y Ş
H W E P J U A I X K E U Ə İ Ğ I
L E N U T P S W Ə J B L H K S N
Ü K R M K W C Q R B A T I B Ə Ç
K I R R Ə H Ü M İ I F H N A P T
Ə N F R R L G E T K Ü Ç Ə L F B
S I Y W Q P Y Ç Ə T Ə R Ü S K S
İ Ş J Ş E Ş N A D A Y I P T K Q
Z A S J I L Q Ə K Ü L H Ə T T Ə
L M Q A C A N A Y H Ə V Z Й C Z
İ K A V Ğ T L H Z Ü C Ü R Ü S A
K Ü E X Й M L H C S L W Ş X E Ş
P Y U V Y Q H I I W Ə P C I N B
M O T O S İ K L E T R L A A X R
```

QƏZA	MOTOSİKLET
ƏYLƏCLƏR	PIYADA
MAŞIN	POLİS
TƏHLÜKƏ	YOL
SÜRÜCÜ	TƏHLÜKƏSİZLİK
YANACAQ	SÜRƏT
QAZ	KÜÇƏ
LİSENZİYA	HƏRƏKƏT
XƏRİTƏ	YÜK MAŞINI
MÜHƏRRIK	TUNEL

75 - Biology

```
Y  L  Z  L  Ü  M  A  K  Ə  T  T  S  İ  N  İ  R
D  E  İ  Ş  G  Y  U  Ş  A  R  Ə  L  H  O  K  M
O  M  A  Y  İ  R  E  T  K  A  B  I  H  M  O  Ə
T  B  L  Ğ  N  E  S  P  A  N  İ  S  D  R  L  M
X  R  E  A  P  B  H  B  X  S  İ  Y  C  O  L  Ə
R  İ  N  I  Й  K  N  M  G  İ  Ş  W  H  A  C
O  O  Ə  E  H  Ü  C  E  Y  R  Ə  Y  Ğ  E  G  I
M  N  N  Ç  Y  A  Z  H  S  B  H  Ç  A  B  E  K
O  Ğ  Ü  Q  C  R  A  X  İ  D  Y  M  Y  Й  N  P
S  Ş  R  V  H  C  O  J  M  Y  U  V  İ  R  G  K
O  P  Ü  Z  S  I  T  N  B  T  N  E  M  R  E  F
M  O  S  M  O  S  İ  S  İ  A  L  O  O  Q  I  F
E  B  H  K  N  V  K  J  O  H  L  N  T  Ç  W  S
A  Ğ  H  P  Ş  K  V  K  Z  Z  A  J  A  S  U  O
F  O  T  O  S  İ  N  T  E  Z  M  F  N  K  O  K
Ş  C  E  A  Ç  C  P  A  Q  O  P  N  A  T  S  T
```

ANATOMİYA	MUTASİYA
BAKTERİYA	TƏBİİ
HÜCEYRƏ	SİNİR
XROMOSOM	NEYRON
KOLLAGEN	OSMOSİS
EMBRİON	FOTOSİNTEZ
FERMENT	ZÜLAL
TƏKAMÜL	SÜRÜNƏN
HORMON	SİMBİOZ
MƏMƏCIK	SİNAPSE

76 - Professions #2

```
B N D C Й K Ə H B Ş W R Ç Ğ P A
I İ Z İ M İ K Ə H Ş İ D Ç K L T
O H L L E L I A A R B P Й G T Y
L Ə C L T F N K R Ə A P İ L O T
O K D I Ü S Ç L R S Ğ A İ Ç M V
Q İ I R L S İ F Ə S B J X A Ü A
E M E I A Q T V C A A T N H N
M Ü Ə L L İ M R Q M N K I A Ə O
D E T E K T İ V A N Й D R F N R
Z İ Ç A N A X B A T I K A İ D T
O Ş R M Y E W A H M O L Ç L I S
O İ Й Q S Y C W Y F A R I O S A
L F T E J U R N A L İ S T S L T
O H E E K F H F A R Q O T O F P
Q Ş A F E A O N U R A K B F S W
P Y E H T K J J Й F H T Ş N V L
```

ASTRONAVT	KITABXANAÇI
BIOLOQ	LINQVIST
DİŞ HƏKİMİ	RƏSSAM
DETEKTİV	FİLOSOF
MÜHƏNDIS	FOTOQRAF
ƏKINÇI	HƏKİM
BAĞBAN	PİLOT
İLLÜSTRATOR	CƏRRAH
İXTIRAÇI	MÜƏLLİM
JURNALİST	ZOOLOQ

77 - Emotions

```
J  P  O  Ğ  Ç  J  E  Q  S  Й  U  T  Ğ  R  Ç  S
Ç  F  O  A  G  H  N  Ş  C  R  R  Ə  D  Ə  K  E
Ç  I  M  D  M  R  E  Ğ  E  A  Q  E  G  B  V  V
K  Ş  M  Ğ  K  S  Ə  N  K  H  O  C  L  H  H  I
M  S  E  V  G  İ  P  Ğ  M  A  R  A  S  Y  S  N
B  Ə  Z  Ə  Q  P  B  T  B  T  X  N  X  Ğ  E  C
Ç  Q  Z  İ  R  P  R  Ü  S  Ə  U  S  Ğ  K  Y  F
A  B  J  M  S  A  K  I  T  L  T  I  B  N  K  P
D  U  R  N  U  N  M  Ə  M  E  X  X  E  F  P  S
T  I  K  Ğ  T  N  Ə  L  I  B  R  I  D  Ə  Q  W
J  H  Ə  S  S  A  S  L  I  Q  U  C  Ç  B  V  V
E  L  G  C  Q  I  L  H  A  X  R  I  Y  E  X  S
G  Ü  U  N  U  E  A  S  Z  F  Ş  L  J  D  B  P
Ş  S  V  C  D  E  Y  K  I  L  T  I  K  A  S  F
O  P  I  W  O  E  E  Z  G  R  M  Q  Ç  E  B  N
V  M  A  K  Y  Ş  Ğ  Й  Ş  V  Y  P  G  W  E  J
```

QƏZƏB	SÜLH
CANSIXICILIQ	RAHAT
SAKIT	RELYEF
MƏZMUN	KƏDƏR
QORXU	MƏMNUN
QƏDIRBILƏN	SÜRPRİZ
SEVINC	RƏĞBƏT
XEYIRXAHLIQ	HƏSSASLIQ
SEVGİ	SAKITLIK

78 - Mythology

```
M K Q A S W H N F T Q Z Ç Z C D
G Ö Y B W H Ğ K Q Ə U I E Ç I Ö
L C M M C Q I E I Y L H Z Ç P Y
Ğ C P P J R K E S Y X A X D H Ü
İ N T İ Q A M Y Q İ Ə L K W Z Ş
O G Ş E A L D B A N M L G Ə X Ç
M R H S M C A Ə N Ə P A Ü N T Ü
R K K T T N V C C D Y C C A N Q
X U G I A A R Ə L Ə F F A S İ Ə
T P R Й R N A R I M J F K F R H
J V Ç B A İ N Ş Q Y I T Q Ə İ R
H T C H Y D I W S H Ç R V C B Ə
Ö L Ü M Y W Ş Ğ Z Ç Z Ç I N A M
L O B A R X E T İ P S Q H D L A
Ö L M Ə Z L I K U W Ğ M A Й L N
W Ğ G A T P D A A P P H M Y E I
```

ARXETİP	ÖLMƏZLIK
DAVRANIŞ	QISQANCLIQ
İNANCLAR	LABİRİNT
YARATMAQ	ƏFSANƏ
MƏXLUQ	ILDIRIM
MƏDƏNİYYƏT	EYBƏCƏR
ALLAH	ÖLÜM
FƏLAKƏT	İNTİQAM
GÖY	GÜC
QƏHRƏMAN	DÖYÜŞÇÜ

79 - Agronomy

```
T Q T Ə T R A F M Ü H I T K S T
K O Ğ O Z A L P Ğ H D D Ş E T Ə
Q U R B X W K I L I Ç N I K Ə R
İ P T P H U T K E E X Ə E O R Ə
İ S Ş T A C M W L A Ə K A L B V
B İ T V K Q Y L M Ç S U B O Ü Ə
Ə R N E Ç S H Ə A Ğ T E I G G Z
T D R I H U T M J R Ə T T İ D L
T Ə H B Ş S H N B Ə L E K Y N Ə
K T W Q S Q A Ə Ç L İ S I A L R
A O G S Y Z Y L A M K Ş L D Й T
E Ş V X C T İ K J E L A Ə I F A
U X E R Ç C Z R G T Ə Ğ R Q W T
I L Ğ D Q Z O I U S R J A O F K
R Z T Y P Z R Ç E İ J R E N E K
Ğ S Ç Ç Ç N E G F S A Q S K Ş K
```

XƏSTƏLİKLƏR	ÇIRKLƏNMƏ
EKOLOGİYA	İSTEHSAL
ENERJİ	KƏND
ƏTRAF MÜHIT	ELM
EROZİYA	TOXUMLAR
ƏKINÇILIK	TORPAQ
GÜBRƏ	TƏDRİS
QIDA	SİSTEMLƏR
TƏBİİ	TƏRƏVƏZLƏR
BITKILƏR	SU

80 - Hair Types

```
Q E T Й P L K Q Ç R Y C Q G W Й
I K I R A S P A R A Q Ş Ə Ç Й G
F D L N V Q Q Ş Ç M L Й H P L J
A Y A U C T C M A A T Z V Ç J S
T Q Ğ Z F Ə A U P H Ç K Ə B O Z
K G L U R U Q Y K M İ R Y Ə Z M
G A A S I Q Z İ P P C B I J S Ş
R M D A D H G L Q A L I N V A X
E C H Ğ Y Ğ T G K Ç P G C V Ğ A
J I R A Y D I N P H X G S H L J
M Ğ Й R X W H Ə V Ş A V U Й A Z
P H T B İ Й N R K R Ü Y O Q M H
Z N W U N M Ğ E N F D M N I K P
G R A Y A A M A H H Ö R Ü K L Ü
G J Q S Й T I Q J K S S X G I K
G N C Ç C W L F T Z U F L B Ğ F
```

QARA
SARI
HÖRÜKLÜ
QƏHVƏYI
RƏNGLİ
ÇAL
ƏYRİ
QURU
BOZ
SAĞLAM

UZUN
AYDIN
QISA
GÜMÜŞ
HAMAR
YUMŞAQ
QALIN
INCƏ
DALĞALI
AĞ

81 - Diplomacy

```
X Ə T Ə H L Ü K Ə S İ Z L İ K S
Ç M S İ Y A S Ə T H Z Z Ç B İ Ə
Ə Ə D M Q K M H E C Ö F B F L F
D K I U R İ D C E V V K B Q R İ
A D Й L M T Ş H İ W E M U T İ R
L A X K Ç E K L K A R Ş H M F C
Ə Ş M Ü N A Q İ Ş Ə W Ç U B Ə Q
T L D İ P L O M A T İ K M Ü S T
O I Ç T Ə H Ə L S Ə M M A T M O
C Q K H I G R R L K F Ü N Ö Ü L
Ş V B T W İ İ B Q Ə Z L İ V Q Ğ
S Z O V I N K T C İ H K T L A Й
I E O O J Ç A A K K Y I A Ü V P
A K B I C A Z Ə V Q N P R Y İ G
C G U P A Ş Ü P Ş Ş G L Y Ü L Ç
S L Z K T E M M I B Ş Z O X Ə Ç
```

MƏSLƏHƏTÇI	HÖKUMƏT
SƏFİR	HUMANİTAR
MÜLKI	BÜTÖVLÜYÜ
İCMA	ƏDALƏT
MÜNAQİŞƏ	SİYASƏT
ƏMƏKDAŞLIQ	ICAZƏ
DİPLOMATİK	TƏHLÜKƏSİZLİK
MÜZAKİRƏ	HƏLL
SƏFİRLİK	MÜQAVİLƏ
ETİKA	

82 - Countries #1

```
M A N T E Y V R S P Й D V C M B
X Ç Ş H G Q K E U O K Ç G Z Y R
B Ç L N L H F A N M P I U Ç M A
P A Й T M K Ğ O F E I Q Q G İ Z
I Y Ğ N Ə Й Z J J D S N S A S İ
E İ N C R A H C U Y E U İ C İ L
Ç D E A A Y İ V T A L F E Y R İ
P N Z Y K İ S P A N İ Y A L A Y
N A S İ E V I X İ H A C Й A A A
G L N N Ş İ Ş X R N R İ K Q Ş A
Ç N W A Ş L O P A O S T A E Y Y
G İ L M M Ğ Y O Q R İ A N N U Ç
G F K L T A F Q L V H L A E E M
N I K A R A Q U A E B İ D S Й F
Z D Y L I N J P H Ç O Y A K R U
F K B Q M E Y K H R Q A Z X O D
```

BRAZİLİYA	MƏRAKEŞ
KANADA	NIKARAQUA
MİSİR	NORVEÇ
FİNLANDİYA	PANAMA
ALMANİYA	POLŞA
İRAQ	RUMINIYA
İSRAİL	SENEQAL
İTALİYA	İSPANİYA
LATVİYA	VENESUELA
LİVİYA	VYETNAM

83 - Immigration

```
K  B  S  T  Y  S  W  Ğ  P  H  E  W  W  B  Z  W
X  Ş  Ə  R  V  A  Ə  X  H  Ə  P  I  S  P  Ç  V
H  R  R  A  J  Ə  R  N  H  L  A  X  H  M  W  N
W  H  H  J  J  V  Z  D  Ə  L  J  H  I  A  Ü  Ğ
Q  Й  Ə  D  F  P  E  İ  I  D  Z  P  K  L  N  A
W  I  D  W  M  J  N  P  Y  M  L  O  T  I  S  Ş
D  M  L  Ğ  V  Z  R  X  X  Y  I  Ə  B  Y  I  P
L  Й  Ə  M  Ü  D  A  F  İ  Ə  Ə  H  R  Y  Y  P
E  L  R  D  İ  L  L  C  R  M  Ğ  T  A  Ə  Y  R
P  R  O  S  E  S  Q  E  A  Ə  Ç  Y  L  L  Ə  A
F  F  P  F  N  S  I  W  T  N  Q  H  Q  K  T  Z
Q  A  N  U  N  E  Ş  K  N  Z  B  Y  A  S  O  Q
İ  D  A  R  Ə  R  I  L  O  İ  A  Ş  Ş  A  H  P
G  Ğ  X  G  L  T  N  J  S  L  U  R  U  V  Y  L
I  U  Z  C  X  S  A  T  Ə  S  D  İ  Q  L  B  Ç
R  X  T  Z  H  W  D  B  Ö  Y  Ü  K  L  Ə  R  M
```

İDARƏ   MƏNZİL
BÖYÜKLƏR   DİL
YARDIM   QANUN
TƏSDİQ   DANIŞIQLAR
SƏRHƏDLƏR   PROSES
UŞAQLAR   MÜDAFİƏ
ÜNSIYYƏT   VƏZİYYƏT
SON TARİX   HƏLL
SƏNƏDLƏR   STRESS
MALIYYƏ

84 - Adjectives #1

```
C Ə L B E D I C I F R M Ç Y G G
G A E E Y E Y N I Ş A V A Y Ö Ş
B Ə D I I H T Й G N O Y K A Z V
H B G I L T Ə V A X Ə S D T Ə A
I F A N A M A O H D P K K A L X
Ğ P S C I X Ç P A M C M A G L B
Й X X Ə D O T R Y Ü P J Y S G I
E P R K D Ş W G Ğ A I U N T B C
K Q E E I B Ç T Y S Q O J J R Ğ
Z A L V N Ə I N Ç İ L W F C E M
O R T T C X J C K R D Ü R Ü S T
T A I T A T I H A D Ə Y Ə R E O
İ N W Ğ H R C W X V C İ D D İ N
K L Ğ Ğ A A R O M A T İ K B U V
P I S H R Й Ç Q T H N Z J N Q M
Z Q Ə L T Ü M Q Й M S K U X V D
```

MÜTLƏQ	AĞIR
IDDIALI	FAYDALI
AROMATİK	DÜRÜST
BƏDII	EYNI
CƏLBEDICI	VACIB
GÖZƏL	MÜASİR
QARANLIQ	CİDDİ
EKZOTİK	YAVAŞ
SƏXAVƏTLI	INCƏ
XOŞBƏXT	DƏYƏR

85 - Rainforest

```
N A İ I Ş Ğ A I Q E A C F E W X
P M Q B C C L I U E T Ə A N Ə Q
V F L B U S V V Ş E A N X H H M
G I İ O Ç L W P L Ğ O G Ğ Ə Ö Ü
A B M T U J U N A P R Ə B Ş R X
R I M A M Z X D R I Z L Z Ə M T
Ə Y F N H S O G L J X L Ç R Ə Ə
Y A Q İ R K A M Y A Ç I I A T L
Ə L H K D S E Ğ J Й R K M T Y I
D A L Q P N A S Q P E B J L E F
B R F P V E T P Ğ A P Ğ F A R L
U U J R I S Y Ə L M L G K R L I
P C V K E E P A B C Й M E Ğ İ K
S I Ğ I N A C A Q İ Y P A A H Y
M Ə M Ə L İ L Ə R P Ə K J Q N P
N Ö V L Ə R F R Й P O T V U E I
```

AMFIBIYALAR	MƏMƏLILƏR
QUŞLAR	MAMIR
BOTANİK	TƏBİƏT
İQLİM	QƏNAƏT
BULUDLAR	SIĞINACAQ
İCMA	HÖRMƏT
MÜXTƏLIFLIK	BƏRPA
YERLİ	NÖVLƏR
HƏŞƏRATLAR	SAĞ QALMAQ
CƏNGƏLLIK	DƏYƏR

86 - Global Warming

```
T E M P E R A T U R L A R Y V B
K N V E E P B N H C T P P B K E
F N P P H F R U M Ğ I Ç D O B Y
O K H R B E H I T M Й U A Ğ D N
H V T Ə M U K Ö H M F C U Z V Ə
D S Z L Z K M K Ə C Ə L Ə G H L
I M İ L Q İ K E H A B D E D E X
Ç U O I E A K F A Ş İ K N İ N A
Q Q Й S N Ş Z Ş L Z N I Й T Ə L
I Ü B Ə E W K P İ D N İ X B T Q
S T T N R A L N A S N İ N Ö İ K
M Ə P B J D Q H X K W T W H C Ğ
I Q N F İ J O L O K E O D R Ə A
S Q T A M U L Ə M I L A R A L R
D İ B W Y Q A P M K A H V N Ə K
V D J Ç D E V N A U K E Ş Ç R Q
```

QÜTB	QAZ
DİQQƏT	NƏSİLLƏR
İQLİM	HÖKUMƏT
NƏTİCƏLƏR	İNSANLAR
BÖHRAN	SƏNAYE
MƏLUMAT	BEYNƏLXALQ
İNKİŞAF	İNDİ
ENERJİ	ƏHALİ
EKOLOJİ	ALIM
GƏLƏCƏK	TEMPERATURLAR

87 - Landscapes

```
Q P X G H A Q P D H L P I F K E
K Z L S Ə H R A D A M I R A Y A
K İ A I S Ə L A L Ə Ş U S N Ş X
K N F X T H Ğ Y X K Ç U K R E H
Ş Ə P Ə T Ə B F F T D J D T C W
A D A O H V J K K L C U G H H G
Y R W A K U T L B A T A Q L I Q
A A I P Ğ L U I Ö M A Ğ A R A A
Ç Ş R R J K N F M G A A A L Q L
J K K A F A D F P Q V D Y P W Z
H A S P N N R F Q E A C S W Ş U
O K E A N A A Й Y G A B Ş E B
X H U E I Ş Ş X H Z Q E E P K R
A R S G Y J İ Ğ P E D M R Ç K D
L Y Ş P V Й M F Y R Й Ç Q C H X
Ş Ğ T Й B P M P Z W E N A Y W Q
```

PLITƏ	DAĞ
MAĞARA	OKEAN
KLIFF	YARIMADA
SƏHRA	ÇAY
QEYZER	DƏNİZ
BUZLAQ	BATAQLIQ
TƏPƏ	TUNDRA
AYSBERQ	YARANA
ADA	VULKAN
GÖL	SU ŞƏLALƏSI

88 - Plants

```
E  E  Ş  D  F  K  Ş  I  K  Й  Ş  N  P  G  N  V
L  M  D  L  F  M  Ç  I  Ç  Ə  K  P  O  I  C  B
Z  O  E  Y  H  V  A  B  A  M  B  U  K  L  G  O
G  Q  E  E  P  E  U  E  E  Ç  B  W  I  Ə  Q  T
A  Ğ  A  C  N  T  U  C  Ş  X  B  S  P  M  Ğ  A
R  A  A  P  P  I  O  I  O  Y  Ğ  V  P  E  Й  N
O  B  D  A  R  I  H  P  J  H  J  Ç  H  Y  P  İ
L  L  E  G  N  A  H  Q  X  Й  G  Z  P  V  I  K
F  M  E  Ş  Ə  M  Y  H  F  K  Ü  F  K  Ə  P  A
Q  A  S  U  I  R  K  K  Ö  K  B  Y  K  Q  H  Ğ
B  I  T  K  I  L  Ə  R  A  U  R  M  A  M  I  R
K  C  O  L  Ə  Ç  Ə  K  T  K  Ə  C  Ş  E  L  J
Q  I  T  R  A  C  P  X  K  A  T  X  Ç  Ğ  H  E
J  A  V  G  Ü  N  Ə  Ş  F  L  A  U  U  Ç  K  F
T  V  Ğ  Y  G  Y  A  M  R  V  P  M  S  V  C  P
B  I  T  K  I  Ö  R  T  Ü  Y  Ü  W  H  E  X  E
```

BAMBUK	OT
GILƏMEYVƏ	ARTIQ
BOTANİKA	IVY
KAKTUS	YARPAQ
GÜBRƏ	MAMIR
FLORA	LƏÇƏK
ÇIÇƏK	KÖK
BITKILƏR	GÜNƏŞ
MEŞƏ	AĞAC
BAĞ	BITKI ÖRTÜYÜ

89 - Countries #2

```
U E Ğ D F W L O C İ X E M R W V
K O K Q A Y İ S U R B F Z D P P
R X Й K D N I T Y W Ğ I T I A H
A Z X M N A İ Z T N S O A L Y L
Y Y C A A V A M R K V P S E U İ
N O Z L Q İ I M A G P İ W O N B
A E Z G U L Y H L R F Y K Ğ A E
Y A P O N İ Y A Q S K A N S N R
S P Y S U R İ Y A N Ç A J U I İ
D O C İ N I G E R İ Y A A D S Y
C Z M J N Й V K E X E H M A T A
A V V A M A H C J X Ç D A N A F
Й P K N L X B R F P Z R İ U N M
V U T R U İ E L A P E N C S E Q
P A K İ S T A N A B R Й A Ş E L
I C Y C W F C H A Й U Й A E P X
```

ALBANİYA	MEXİCO
DANİMARKA	NEPAL
EFIOPİYA	NIGERIYA
YUNANISTAN	PAKİSTAN
HAITI	RUSİYA
JAMAİCA	SOMALİ
YAPONİYA	SUDAN
LAOS	SURİYA
LİVAN	UQANDA
LİBERİYA	UKRAYNA

90 - Ecology

```
F  Q  Ş  H  Ğ  Ş  H  İ  K  H  K  Ç  V  Ğ  H  E
A  J  T  T  M  H  Ş  Q  D  A  W  G  G  O  Ğ  K
U  Ç  I  A  S  G  B  L  A  B  O  L  Q  J  O  I
N  E  K  L  Ğ  Z  B  İ  Q  I  L  Q  A  R  U  Q
A  K  Z  İ  N  Ə  D  M  Z  K  R  Й  Q  K  R
N  I  U  A  N  Ş  R  A  L  A  M  C  İ  W  R  J
F  L  O  R  A  D  E  S  V  T  T  Ə  B  İ  Ə  T
W  F  Q  A  M  L  A  Q  Ğ  A  S  R  P  R  L  J
Q  I  D  L  Q  D  L  N  E  Ş  M  Ə  E  G  Ü  T
Ğ  L  H  Ğ  T  Ə  B  İ  İ  S  B  L  F  U  L  Ş
F  Ə  R  A  L  S  R  U  S  E  R  I  I  K  L  Y
E  T  O  D  A  G  J  P  M  W  B  K  L  C  Ü  N
V  X  R  X  K  K  M  H  P  Ş  G  T  Ğ  K  N  Ğ
K  Ü  Q  C  N  Ö  V  L  Ə  R  E  I  K  K  Ö  P
E  M  X  T  Z  U  P  K  V  W  R  B  A  Ş  K  B
B  I  T  K  I  Ö  R  T  Ü  Y  Ü  R  L  D  J  Ş
```

İQLİM   TƏBİİ
İCMALAR   TƏBİƏT
MÜXTƏLIFLIK   BITKILƏR
QURAQLIQ   RESURSLAR
FAUNA   NÖVLƏR
FLORA   SAĞ QALMAQ
QLOBAL   DAVAMLI
HABITAT   BITKI ÖRTÜYÜ
DƏNIZ   KÖNÜLLÜLƏR
DAĞLAR

91 - Adjectives #2

```
V D S L E E P Y M Ğ K X R L M K
Ə U K J R E G Ş K K S Z H P Ə J
H Z Z A A T I I L D A D E T S I
Ş L J S J Ə P A A Y Ç Ş N E U L
İ U B F Ş B U F T U H P Ş B L Q
Й I X Й D İ T S İ N E Y S P D A
O Ç P M P İ R İ V S Ə T H E P R
B H Y Q R U H Ş Ə M A S J O K A
S Q Ş H A X A W L A E S İ N E M
G I C I D A R A Y L H P P L Ğ F
H K A C L X E X H Ğ R G Y T X P
N D Й A U Z P D A A Ç I Ü O X A
Q U I F S X U A M S A F E C C Y
X U T O H D B Й A N U Й G M L N
K D R X Ə F I R Ə Z Ğ U O Q E Ü
A V P U M Ş C U O E M E S G K H
```

ƏSİL	MARAQLI
YARADICI	TƏBİİ
TƏSVİRİ	YENİ
QURU	MƏHSULDAR
ZƏRIF	FƏXR
MƏŞHUR	MƏSUL
ISTEDADLI	DUZLU
SAĞLAM	SLEEPY
İSTİ	GÜCLÜ
AC	VƏHŞİ

92 - Psychology

```
T Ğ V Q I L Q A Ş U J D I Z K T
J Ə Ə Y T A N İ Y Ə T S H H K A V
K F S H K V H A E M E L B O R P
Q M V İ Ş Ç R X L Y Y K B H Z X
D O W K R A L A Y E D I A I U A
D U D W P L T N Y N Й L J S L T
Ü M Y N H U Ə Й L I P I K S A I
Ş Ü D G Й E Ş R G K Ş B R I R R
Ü N I O U K İ Y Z L C F E R P Ə
N A I Ğ X S N F W C I I M V E L
C Q J V U Z A R E A L L I Q Ş Ə
Ə İ K E I R R L H O A X I I F R
L Ş U H İ B V Ş Ə X S İ Y Y Ə T
Ə Ə J E K J A I V X I I R K Ş K
R A P E Ğ O D K L İ N İ K A P V
U W P T E R A P İ Y A Q Y I F D
```

TƏYİNAT	XATIRƏLƏR
DAVRANIŞ	QAVRAYIŞ
UŞAQLIQ	ŞƏXSİYYƏT
KLİNİKA	PROBLEM
BILIK	REALLIQ
MÜNAQİŞƏ	HISSI
ARZULAR	TERAPİYA
DUYGUSAL	DÜŞÜNCƏLƏR
IDEYALAR	BİHUŞ
TƏSİRLƏR	

93 - Activities

```
C R I V F X Q P V N E Ğ Y D T F
O Ə O A Ğ N X Й J N W Ş K Ü G O
X Q B Y İ S T I R A H Ə T Ş I T
U S A Q U L U Ç V O K Ğ M Ə S O
M F L I P N I E M Y Z B I R T Q
A Ə I L E A L Ş Z Ş W W Ğ G I R
Q A Q I M V R A I P W E T Ə R A
Ç L Ç Ç T Ğ H K R H U T İ A A F
A İ I Ğ K Ç E İ U Ə Ç X K N H İ
Ş Y L A L Y S M T Z L H İ H Ə Y
K Y I B C D V A K F Ö T Ş Q T A
R Ə Q C Й Ş A R M B A V Ə E M B
P T F S W U N E R K M O Q N J J
B A C A R I Q K P Ç I E I E Ə J
A İ N C Ə S Ə N Ə T E Ğ I M B S
M A R A Q L A R L H R D L K L H
```

FƏALİYYƏT	OVÇULUQ
İNCƏSƏNƏT	MARAQLAR
DÜŞƏRGƏ	ISTIRAHƏT
KERAMİKA	SEHRLI
SƏNƏTLƏR	FOTOQRAFIYA
RƏQS	ZÖVQ
BALIQÇILIQ	OXUMAQ
OYUNLAR	İSTIRAHƏT
BAĞÇILIQ	TİKİŞ
TURIZM	BACARIQ

94 - Business

```
M  B  N  M  İ  D  Y  P  Y  N  E  M  B  Q  O  Z
Ç  E  R  C  A  Q  Y  U  J  Ğ  G  A  Ü  A  F  A
N  F  N  Й  E  Ç  T  L  A  M  Ə  L  D  Z  İ  V
E  F  K  E  D  K  U  İ  Ğ  Q  L  İ  C  A  S  O
K  N  W  K  C  H  F  U  S  W  İ  Y  Ə  N  M  D
N  A  Y  Q  B  E  H  K  E  A  R  Y  K  C  Ç  F
D  Y  R  J  P  N  R  K  U  K  D  Ə  İ  Ş  Ç  İ
E  İ  D  Y  B  E  B  T  D  D  H  İ  U  O  Й  U
M  S  Ü  O  E  E  A  A  U  Ə  K  G  Y  F  P  O
P  İ  K  Ç  J  R  A  T  U  Y  L  A  V  Y  V  Y
L  T  A  B  V  K  A  Ə  Q  Ə  J  V  F  C  A  H
O  S  N  Z  Ğ  V  O  K  Ş  R  R  G  H  P  P  T
Y  E  H  Q  H  X  D  R  Ə  L  I  G  R  E  V  Z
E  V  Й  O  S  N  F  İ  P  V  K  M  X  Ç  Z  T
R  N  S  A  T  I  Ş  Ş  P  E  O  K  R  G  G  E
K  İ  A  J  X  X  Ğ  F  E  C  Ğ  W  Y  K  K  T
```

BÜDCƏ	GƏLİR
KARYERA	İNVESTİSİYA
ŞİRKƏT	MENECER
DƏYƏR	MAL
VALYUTA	PUL
İQTİSADİYYAT	OFİS
İŞÇİ	QAZANC
EMPLOYER	SATIŞ
ZAVOD	DÜKAN
MALİYYƏ	VERGİLƏR

95 - The Company

```
Й M Z E E Z S O Z O S Q B T E T
C Ə Ş H O Ğ K K G I Y L İ Ə H Ə
Y Ş B Й I Q Ə R A R İ O Z R T Q
Ş Ğ R Ç C O K C N K Ç B N Ə İ D
P U E J I G Y E Y O K A E Q M İ
X L S V D B H Ş D D İ L S Q A M
R L U M A B T E L N L Y L I L A
İ U R Ə R H K E Y F İ Y Y Ə T T
S Q S H A F I K H P N G Ə L İ R
K A L S Y D N D O X E T Q L O A
L M A U R H Ü Ğ L E Y E Z G I K
Ə T R L D J F H P Ə S Ə N A Y E
R A Й K O A U Ğ I B R Ğ M K E E
S R E P B Q Z G N Ş M E Q A R F
B A Y İ S İ T S E V N İ D V J A
A Y T F R Ə M Ə K H A Q Q I G T
```

BİZNES	MƏHSUL
YARADICI	TƏRƏQQI
QƏRAR	KEYFİYYƏT
MƏŞĞULLUQ	NÜFUZ
QLOBAL	RESURSLAR
SƏNAYE	GƏLİR
YENİLİKÇİ	RİSKLƏR
İNVESTİSİYA	YARATMAQ
EHTİMAL	VAHIDLƏR
TƏQDİMAT	ƏMƏK HAQQI

96 - Literature

```
D İ A L O Q F Ç Q Z W J B R J Ç
Z F Y Y W Z C F U E K C Ə R S D
Ə C İ T Ə N N A M O R D A G E
F T G M H P C G T T O I Q H E
İ Ə O T Ö H U Ç O İ X T I Ğ M T
T S L Ş Ş V A E R R A A H P Ü Ç
Ə V A H Q Z Z W Z U F V R O Q I
L I N V B N X U E İ L A B E A L
K R A I Z G A I W I L N J T Y D
M E T A F O R A T L D A W İ I M
P Ş Ğ F A C İ Ə R A E Z N K S D
A A C X L Y T W Ç C Y E Ş A Ə Ğ
C K X F H E A K B E L I E E C R
L A Q J V M A Y İ F A R Q O İ B
M Ü Ə L L İ F P N M K P S V D R
Ş E R Z N A L P L S E R E S P M
```

ANALOGİYA	METAFORA
ANALİZ	NAVATOR
LƏTİFƏ	ROMAN
MÜƏLLİF	ŞEİR
BİOQRAFİYA	POETİK
MÜQAYISƏ	ŞER
NƏTİCƏ	RİTM
TƏSVIR	QUATORZE
DİALOQ	MÖVZU
BƏDII	FACİə

97 - Geography

```
K J F Ş N Ə E J Y O H Q E P T H
T S K Ü L R Ü D N Ü H İ Y G Z N
H U N J A Ü C B U N N T W M Q K
P O D F M K S A L T A Ə G L Ö B
E D V Й İ M Q B B R I W Ə J Й A
A F C K Ş I O B J H D T R A H Q
D W E P F R Ə H Ə Ş I N A E K O
A Y N Ü D A K P T Y R A Z L U S
W A K R B Y K R İ Й E Ö İ B S Q
Ç Q Ə R B W H Ğ R S M E L L P N
W A K E D P D M Ə R Q V X K T E
G Z Y C Ə N U B X H Ş Z İ N Ə D
H L L D Ğ J Q O F F Ğ D V O C Ş
X U U X X E A T L J M P G I P T
C Ş Q F A R Q A H V P D A Ğ D P
A J Y Й E K X L Ş Ç E F E Y J B
```

HÜNDÜRLÜK	DAĞ
ATLAS	ŞİMAL
ŞƏHƏR	OKEAN
QİTƏ	BÖLGƏ
ÖLKƏ	ÇAY
YARIMKÜRƏ	DƏNİZ
ADA	CƏNUB
LATITUDE	ƏRAZİ
XƏRİTƏ	QƏRB
MERIDIAN	DÜNYA

98 - Jazz

```
J O I S T E D A D M Q R W W P W
P A R C Q M Q S B Ə J B Ş Ş I D
U U N K H A H H E Ş E P N C I H
L P T R E S N O K H C P L T D Ğ
E P W A Z S Y E X U X E J Ş D Z
M A H N I Ə T E Ə R E Z Z D Q V
O M L A W R Z R N T Ə R K İ B İ
R İ T M O B L A H İ B O T F A R
C Q S B H A S K Ö L Ə T Ə A A P
G İ X Ğ A K U İ K K S A S V K T
Ş S O H K B P N E T T U İ O U J
Y Ğ R U V O X E K Ə Q R R E K
E Й R E P A E Y Ğ K F L İ N I
A K G J J J H T B O A S Ə L H P
X Q P K E Й S E N V R F R E S Z
İ M P R O V İ Z A S İ Y A R A M
```

ALBOM	TƏSİRLƏR
RƏSSAM	MUSİQİ
BƏSTƏKAR	YENİ
TƏRKİBİ	KÖHNƏ
KONSERT	ORKESTR
VURĞU	RİTM
MƏŞHUR	MAHNI
FAVORILER	QUATORZE
JANR	ISTEDAD
İMPROVİZASİYA	TEXNİKA

99 - Nature

```
G Ğ B A R H R D D B İ H A S H A
E Ö S R K Ç N I O U Ş A G P M E
Ç F Z H B V A I P L H M K K V K
H G Z Ə Ş E M Y V U Ə Q P S Z C
B C K S L Ğ U G U D V A Ü Й H W
K C E U E L D J B L G L E T D Z
T R O P İ K İ J P A W Z R H B I
V A C İ B H H K D R L U O F A Y
T L D A Ğ L A R İ A V B Z K Z A
C I Z L H Z C B N L R L İ O D R
S R B U S K Й B A N Ş Q Y P U Ə
H A C Ğ K E O R M A O K A Y D T
R F C I L D H K İ V E C G A Ç G
B I T K I L Ə R K Y Q M H P Y A
X B Q A T H S K J E P P W U C H
A S A K I T R G O H X J H E B Ğ
```

HEYVANLAR
QÜTB
GÖZƏLLİK
ARILAR
BULUDLAR
SƏHRA
DİNAMİK
EROZİYA
DUMAN
BITKILƏR

MEŞƏ
BUZLAQ
DAĞLAR
SAHİB
ÇAY
ZIYARƏTGAH
SAKIT
TROPİK
VACİB
VƏHŞİ

100 - Vacation #2

```
F  X  K  X  V  T  X  G  Y  B  B  E  W  M  T  D
E  I  I  I  Ə  T  I  L  P  T  A  N  I  Y  Ə  T
R  P  F  A  G  R  X  M  R  A  Y  Y  B  Ğ  H  G
K  Й  V  R  E  İ  K  Z  Y  R  A  L  Ğ  A  D
P  O  R  İ  Ə  Q  K  T  Й  Y  A  I  M  X  Y  T
Y  İ  K  Z  Ş  Q  F  I  Ə  I  M  S  A  M  Ə  L
T  S  P  A  Ü  D  Ç  B  R  L  E  T  O  G  S  S
S  K  Z  O  D  X  Ə  Ə  İ  Q  Y  I  F  K  Y  M
P  A  S  P  O  R  T  N  C  Ə  A  R  L  O  U  Y
G  T  L  N  J  A  C  C  İ  N  D  A  D  A  O  R
N  R  X  B  U  T  P  Ə  R  Z  H  H  G  Ş  B  A
N  Q  I  Ş  Z  A  H  T  A  H  M  Ə  N  A  J  P
S  I  Ç  D  G  Q  K  A  X  S  C  T  O  Y  K  D
R  A  R  H  A  V  A  L  İ  M  A  N  I  U  T  U
A  T  Z  F  T  Ç  D  E  V  Ş  K  E  N  P  Ç  Q
Z  M  Й  L  X  E  Ş  A  H  O  E  Ğ  F  N  A  E
```

HAVA LİMANI	ISTIRAHƏT
PLITƏ	XƏRİTƏ
DÜŞƏRGƏ	DAĞLAR
TƏYINAT	PASPORT
XARİCİ	DƏNIZ
ƏCNƏBI	TAKSİ
BAYRAM	ÇADIR
OTEL	QATAR
ADA	NƏQLIYYAT
SƏYAHƏT	VİZA

1 - Antiques

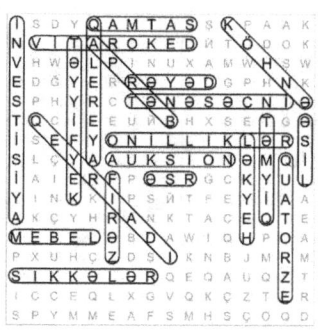

2 - Food #1

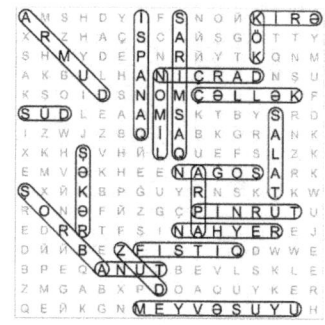

3 - Measurements

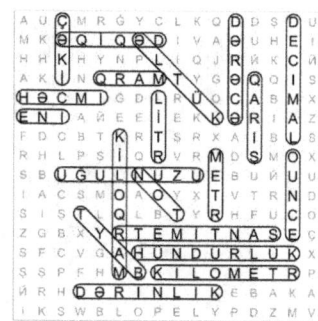

4 - Farm #2

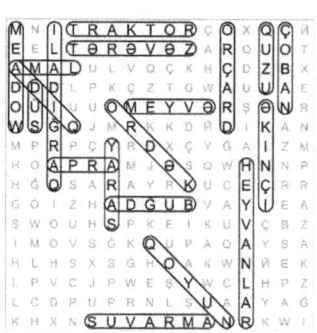

5 - Books

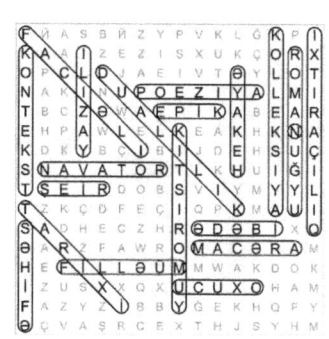

6 - Meditation

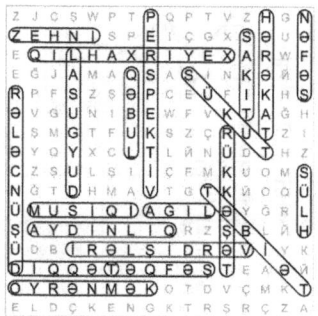

7 - Days and Months

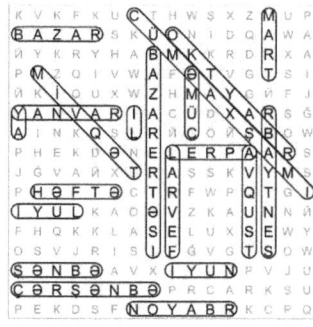

8 - Energy

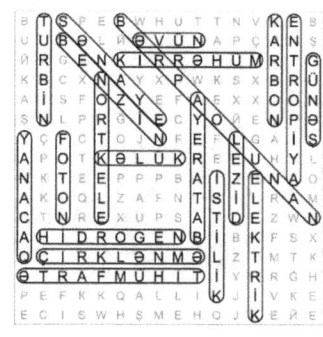

9 - Chess

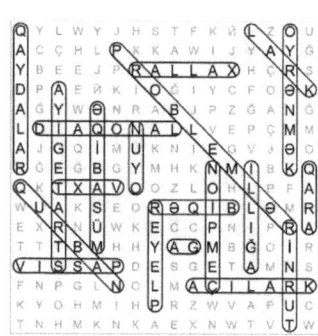

10 - Archeology

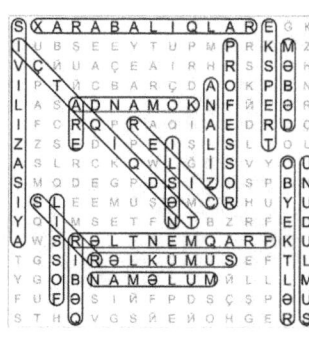

11 - Food #2

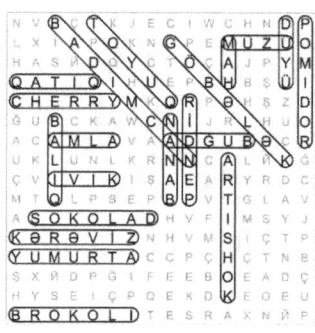

12 - Chemistry

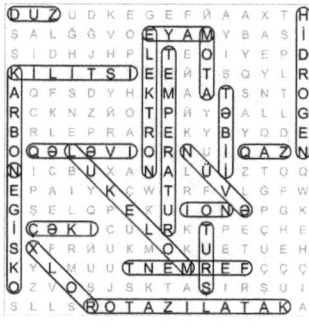

13 - Music

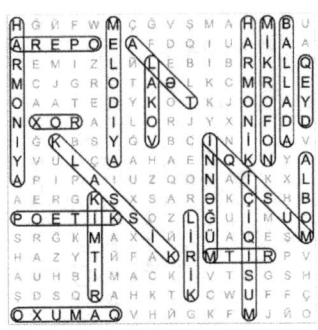

14 - Family

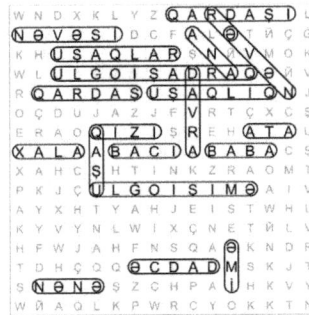

15 - Farm #1

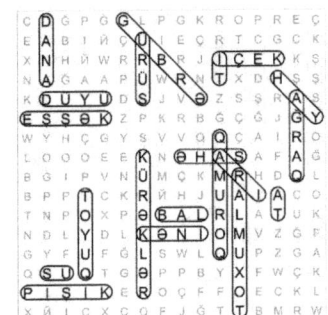

16 - Camping

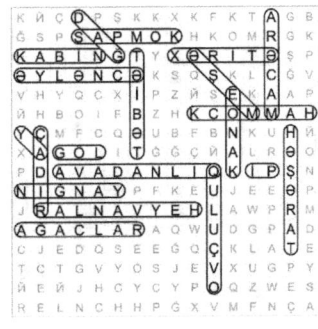

17 - Algebra

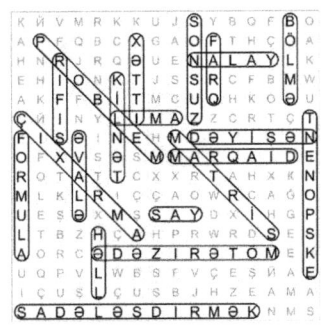

18 - Numbers

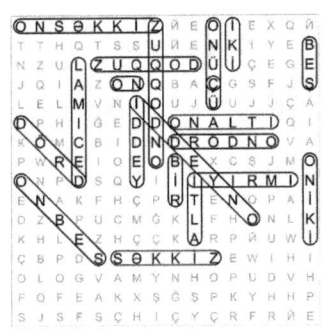

19 - Spices

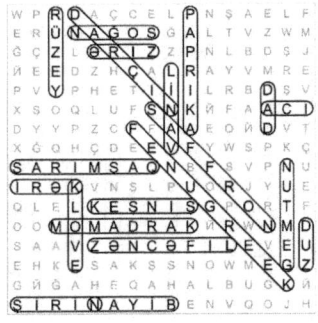

20 - Universe

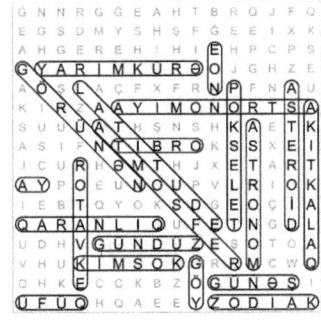

21 - Mammals

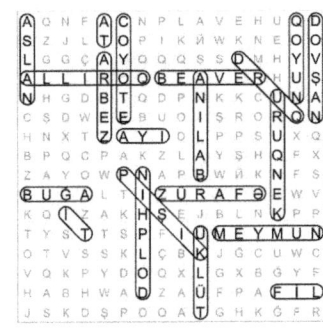

22 - Bees

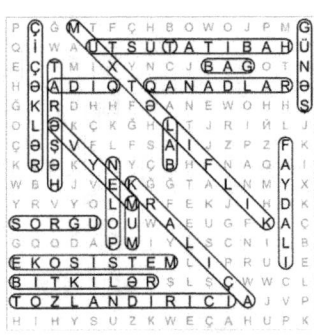

23 - Job Skills

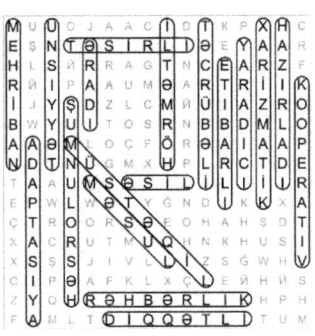

24 - Weather

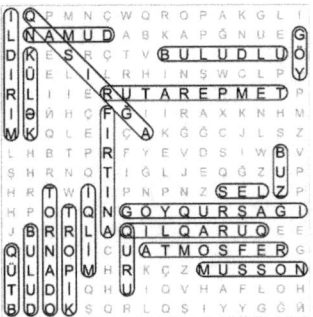

25 - Adventure

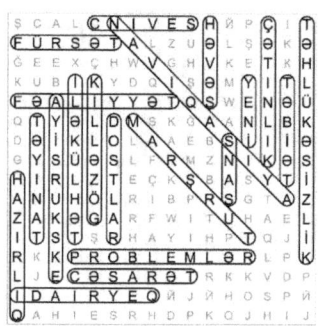

26 - Sport

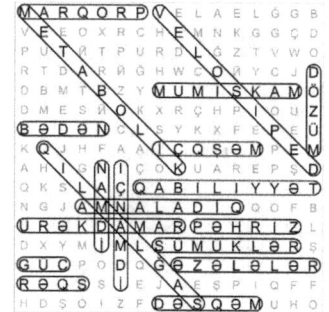

27 - Geology

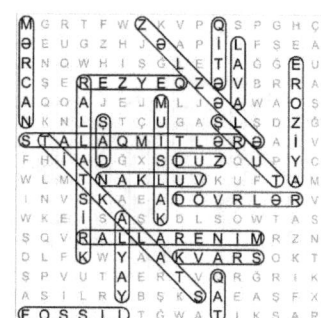

28 - House

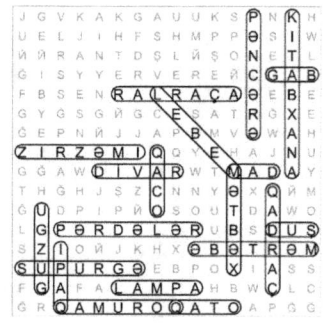

29 - Physics

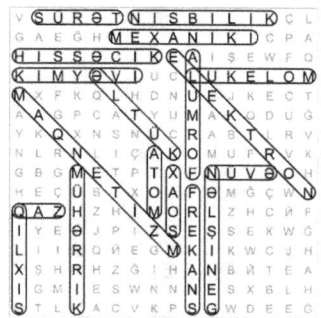

30 - Dance

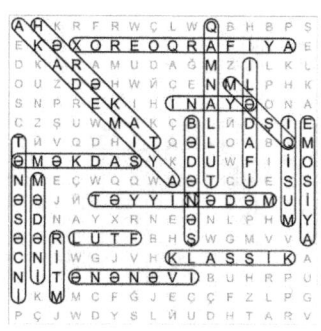

31 - Coffee

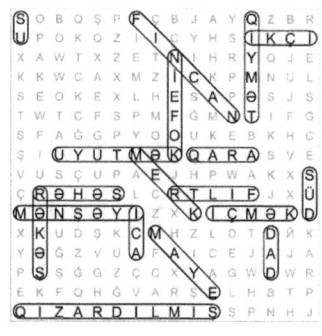

32 - Shapes

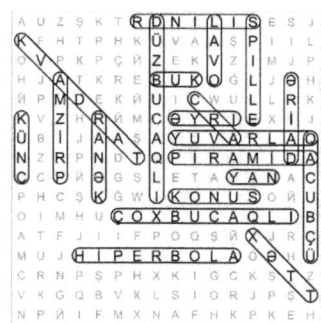

33 - Scientific Disciplines

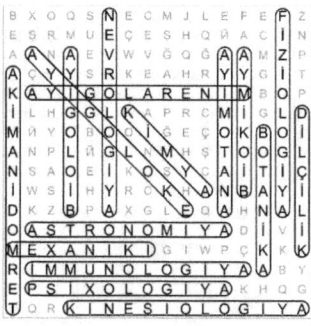

34 - Science

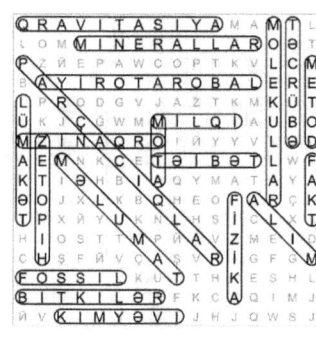

35 - Beauty

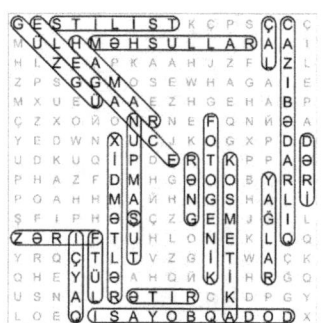

36 - Clothes

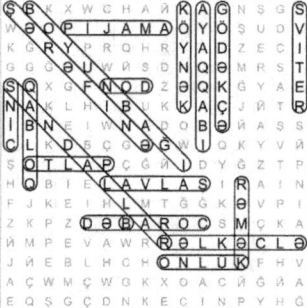

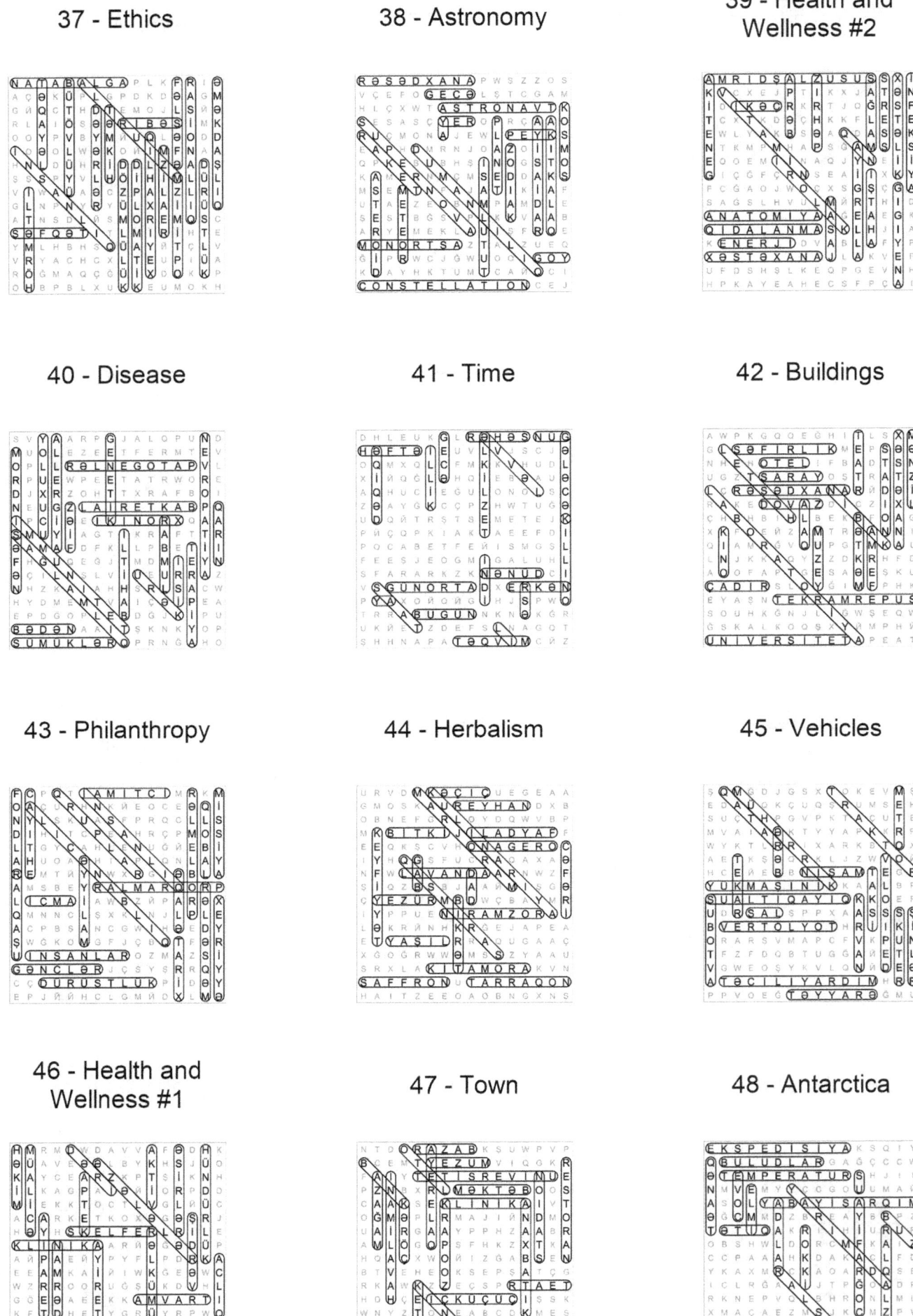

37 - Ethics

38 - Astronomy

39 - Health and Wellness #2

40 - Disease

41 - Time

42 - Buildings

43 - Philanthropy

44 - Herbalism

45 - Vehicles

46 - Health and Wellness #1

47 - Town

48 - Antarctica

49 - Ballet

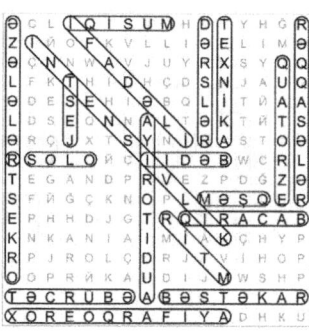

50 - Fashion

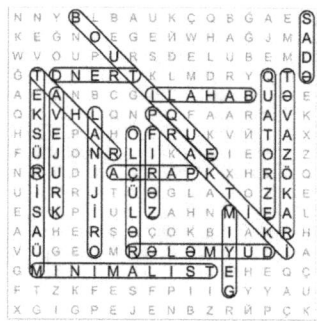

51 - Human Body

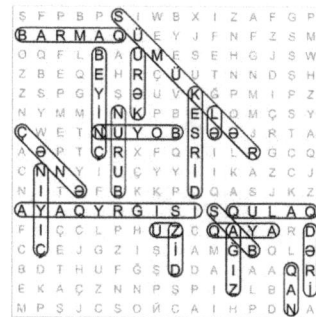

52 - Musical Instruments

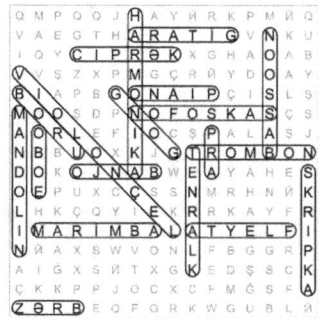

53 - Fruit

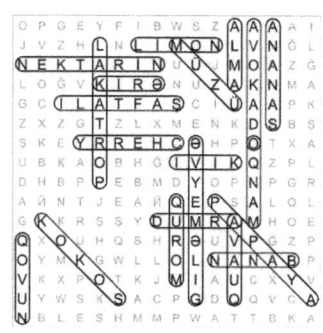

54 - Engineering

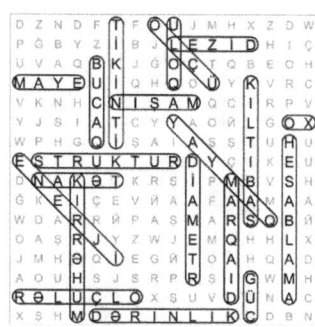

55 - Government

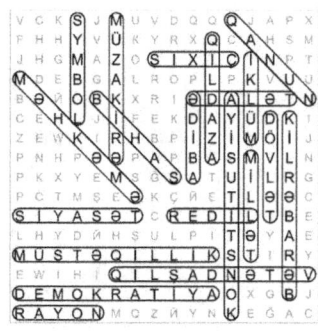

56 - Art Supplies

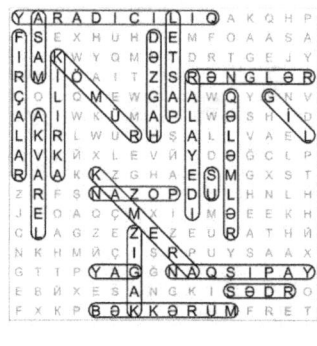

57 - Science Fiction

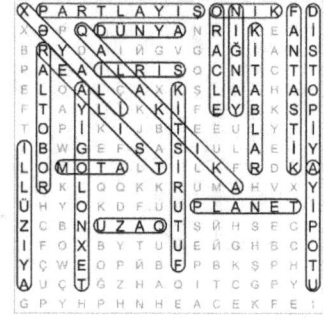

58 - Geometry

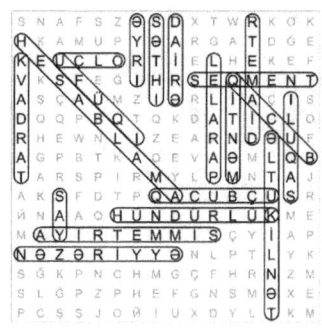

59 - Creativity

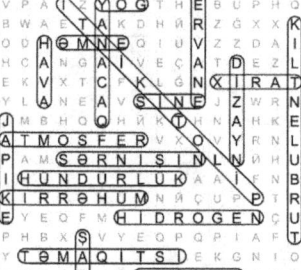

60 - Airplanes

61 - Ocean

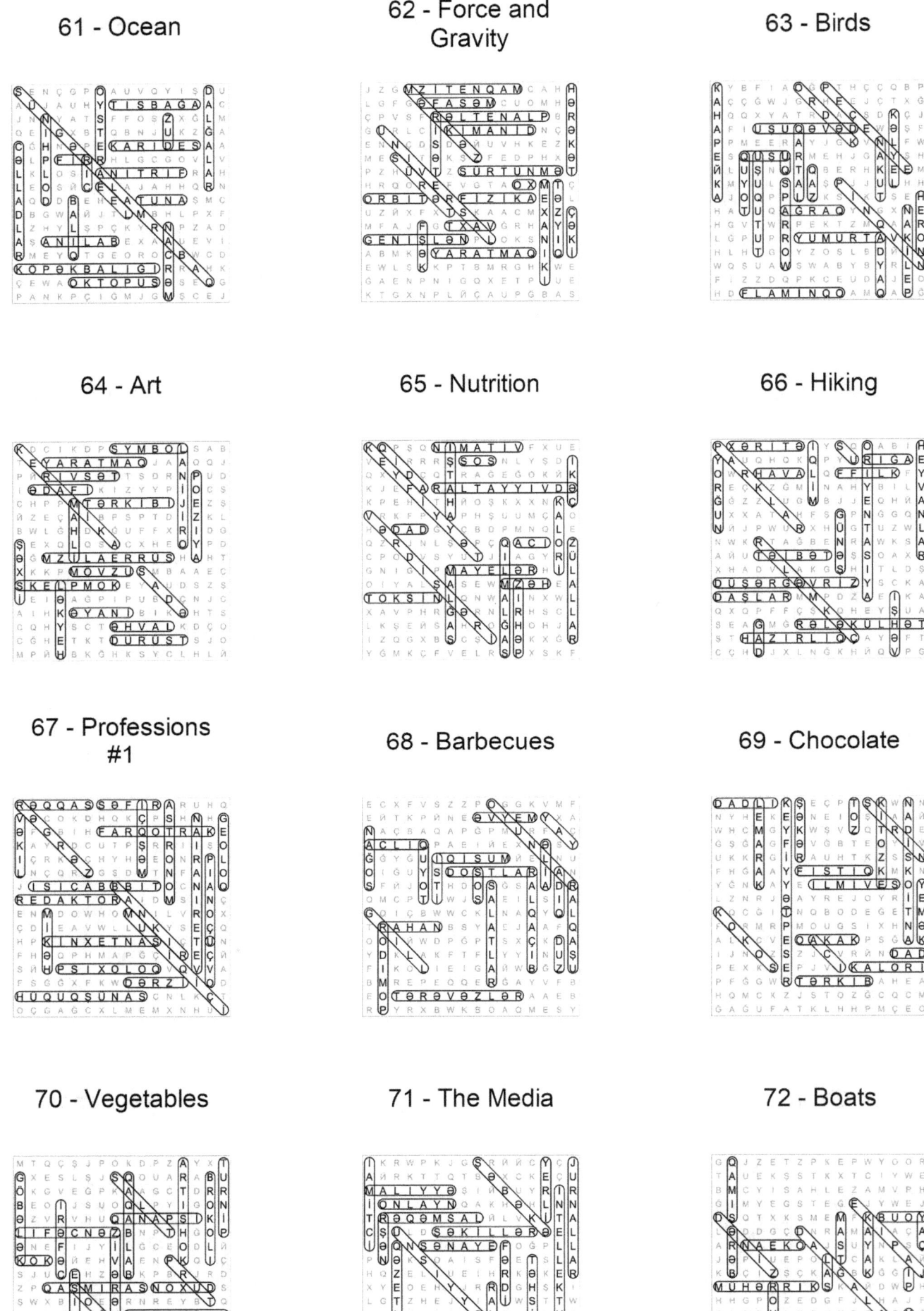

62 - Force and Gravity

63 - Birds

64 - Art

65 - Nutrition

66 - Hiking

67 - Professions #1

68 - Barbecues

69 - Chocolate

70 - Vegetables

71 - The Media

72 - Boats

73 - Activities and Leisure

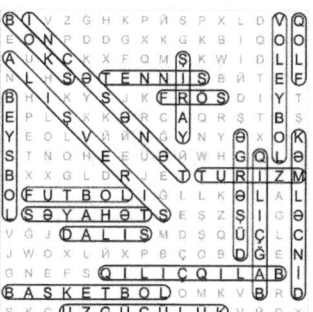

74 - Driving

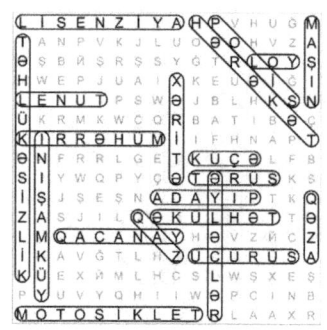

75 - Biology

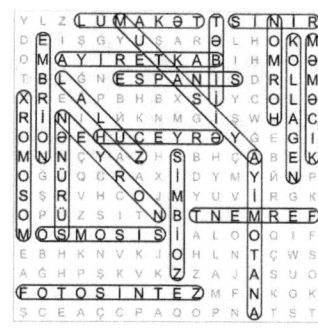

76 - Professions #2

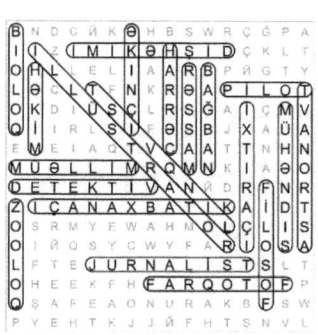

77 - Emotions

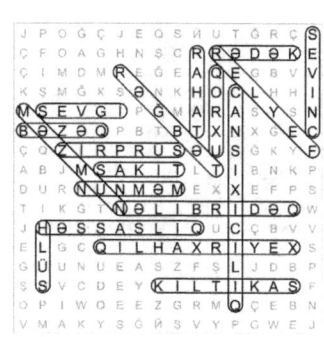

78 - Mythology

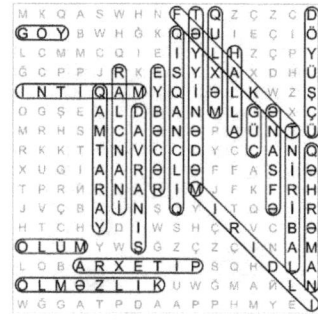

79 - Agronomy

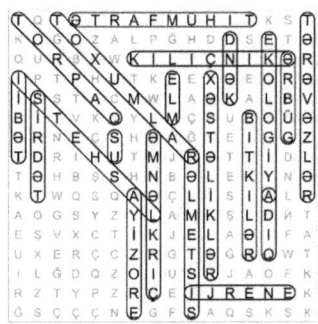

80 - Hair Types

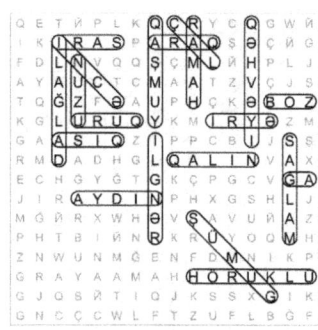

81 - Diplomacy

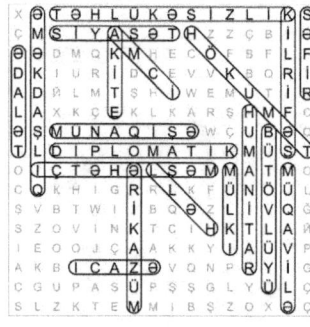

82 - Countries #1

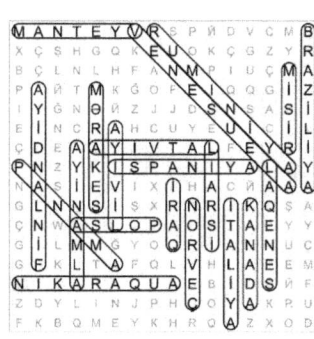

83 - Immigration

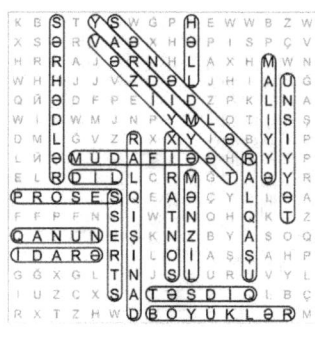

84 - Adjectives #1

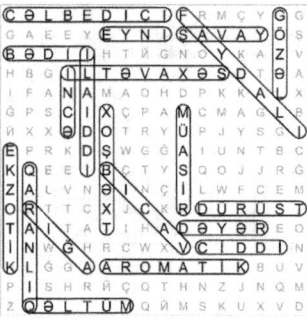

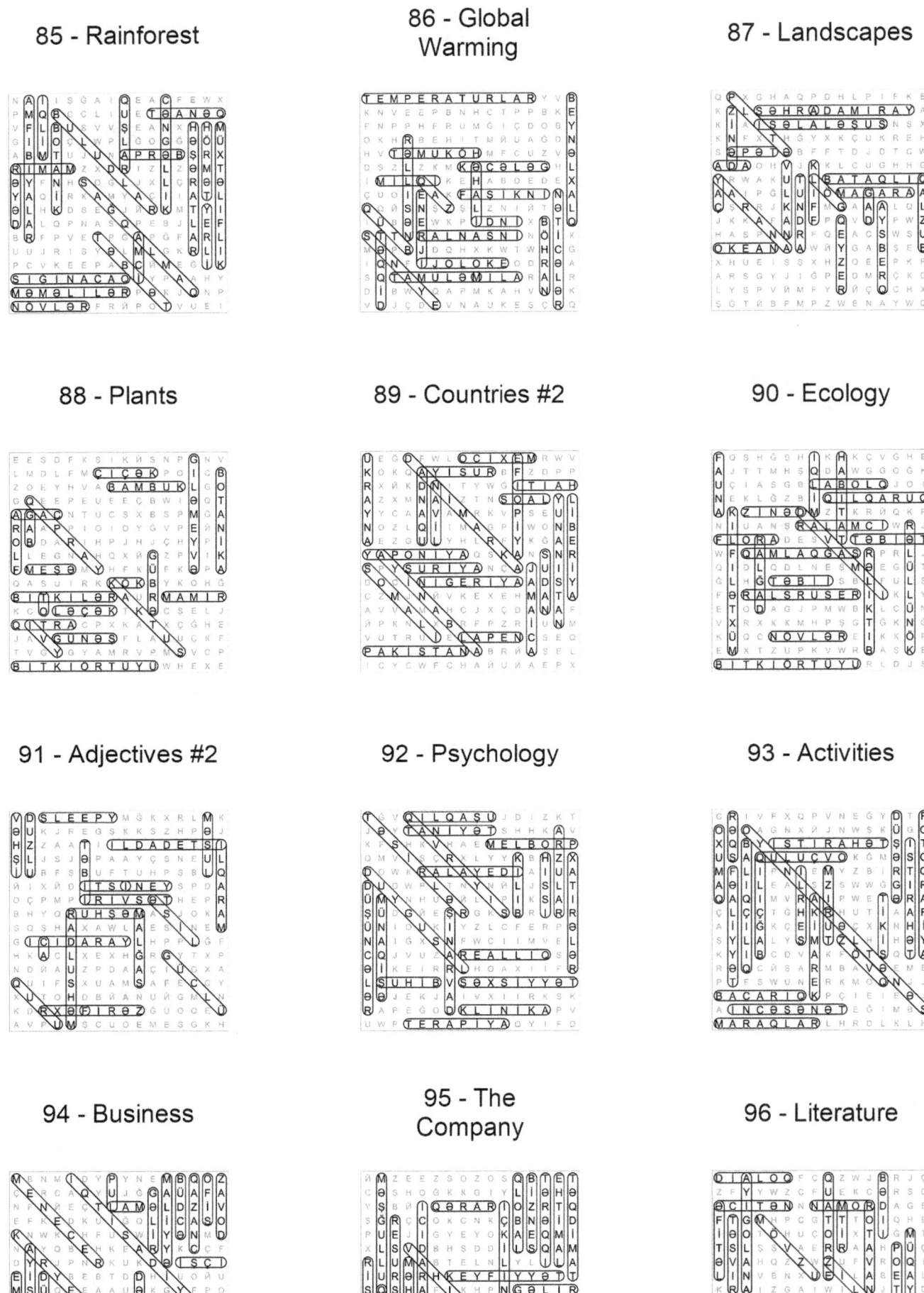

85 - Rainforest

86 - Global Warming

87 - Landscapes

88 - Plants

89 - Countries #2

90 - Ecology

91 - Adjectives #2

92 - Psychology

93 - Activities

94 - Business

95 - The Company

96 - Literature

97 - Geography

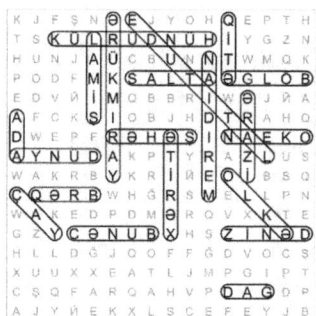

98 - Jazz

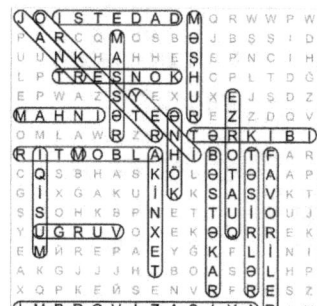

99 - Nature

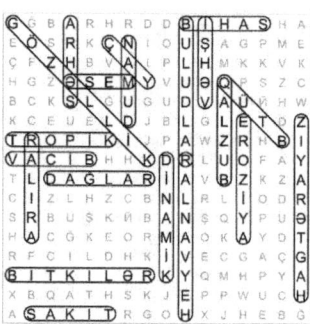

100 - Vacation #2

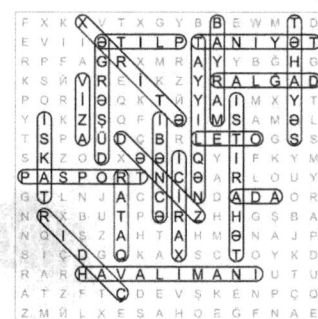

Dictionary

Activities
Fəaliyyət

Activity	Fəaliyyət
Art	İncəsənət
Camping	Düşərgə
Ceramics	Keramika
Crafts	Sənətlər
Dancing	Rəqs
Fishing	Baliqçiliq
Games	Oyunlar
Gardening	Bağçiliq
Hiking	Turizm
Hunting	Ovçuluq
Interests	Maraqlar
Leisure	İstirahət
Magic	Sehrli
Photography	Fotoqrafiya
Pleasure	Zövq
Reading	Oxumaq
Relaxation	İstirahət
Sewing	Tikiş
Skill	Bacariq

Activities and Leisure
Fəaliyyət və İstirahət

Art	İncəsənət
Baseball	Beysbol
Basketball	Basketbol
Boxing	Boks
Camping	Düşərgə
Diving	Daliş
Fishing	Baliqçiliq
Gardening	Bağçiliq
Golf	Qolf
Hiking	Turizm
Racing	Yariş
Relaxing	Dincəlmək
Shopping	Aliş-Veriş
Soccer	Futbol
Surfing	Sörf
Swimming	Üzgüçülük
Tennis	Tennis
Travel	Səyahət
Volleyball	Voleybol

Adjectives #1
1 Nömrəli Sıfatlar

Absolute	Mütləq
Ambitious	Iddiali
Aromatic	Aromatik
Artistic	Bədii
Attractive	Cəlbedici
Beautiful	Gözəl
Dark	Qaranliq
Exotic	Ekzotik
Generous	Səxavətli
Happy	Xoşbəxt
Heavy	Ağir
Helpful	Faydali
Honest	Dürüst
Identical	Eyni
Important	Vacib
Modern	Müasir
Serious	Ciddi
Slow	Yavaş
Thin	Incə
Valuable	Dəyər

Adjectives #2
Sifətlər № 2

Authentic	Əsil
Creative	Yaradici
Descriptive	Təsviri
Dry	Quru
Elegant	Zərif
Famous	Məşhur
Gifted	Istedadli
Healthy	Sağlam
Hot	İsti
Hungry	Ac
Interesting	Maraqli
Natural	Təbii
New	Yeni
Productive	Məhsuldar
Proud	Fəxr
Responsible	Məsul
Salty	Duzlu
Sleepy	Sleepy
Strong	Güclü
Wild	Vəhşi

Adventure
Adventure

Activity	Fəaliyyət
Beauty	Gözəllik
Bravery	Cəsarət
Challenges	Problemlər
Chance	Şans
Dangerous	Təhlükəli
Destination	Təyinat
Difficulty	Çətinlik
Enthusiasm	Həvəs
Excursion	Ekskursiya
Friends	Dostlar
Itinerary	Marşrut
Joy	Sevinc
Nature	Təbiət
Navigation	Naviqasiya
New	Yeni
Opportunity	Fürsət
Preparation	Hazirliq
Safety	Təhlükəsizlik
Unusual	Qeyri-Adi

Agronomy
Aqronomiya

Diseases	Xəstəliklər
Ecology	Ekologiya
Energy	Enerji
Environment	Ətraf Mühit
Erosion	Eroziya
Farming	Əkinçilik
Fertilizer	Gübrə
Food	Qida
Organic	Təbii
Plants	Bitkilər
Pollution	Çirklənmə
Production	İstehsal
Rural	Kənd
Science	Elm
Seeds	Toxumlar
Soil	Torpaq
Study	Tədris
Systems	Sistemlər
Vegetables	Tərəvəzlər
Water	Su

Airplanes
Təyyarələr

Adventure	Macəra
Air	Hava
Atmosphere	Atmosfer
Balloon	Şar
Construction	Tikinti
Crew	Ekipaj
Descent	Enmə
Design	Dizayn
Direction	İstiqamət
Engine	Mühərrik
Fuel	Yanacaq
Height	Hündürlük
History	Tarix
Hydrogen	Hidrogen
Landing	Eniş
Passenger	Sərnişin
Pilot	Pilot
Propellers	Pervane
Sky	Göy
Turbulence	Turbulentlik

Algebra
Cəbr

Addition	Əlavə
Diagram	Diaqram
Division	Bölmə
Equation	Tənlik
Exponent	Eksponent
Factor	Amil
False	Yalan
Formula	Formula
Graph	Qraf
Infinite	Sonsuz
Linear	Xətti
Matrix	Matris
Number	Say
Parenthesis	Mötərizədə
Problem	Problem
Simplify	Sadələşdirmək
Solution	Həll
Subtraction	Çixarma
Variable	Dəyişən
Zero	Sifir

Antarctica
Antarktida

Bay	Bay
Birds	Quşlar
Clouds	Buludlar
Conservation	Qənaət
Continent	Qitə
Cove	Cove
Environment	Ətraf Mühit
Expedition	Ekspedisiya
Geography	Coğrafiya
Glaciers	Buzlaqlar
Ice	Buz
Islands	Adalar
Migration	Miqrasiya
Peninsula	Yarimada
Researcher	Tədqiqatçi
Rocky	Rokki
Scientific	Elmi
Temperature	Temperatur
Topography	Topoqrafiya
Water	Su

Antiques
Antikvar Əşyalar

Art	İncəsənət
Auction	Auksion
Authentic	Əsil
Century	Əsr
Coins	Sikkələr
Decades	Onilliklər
Decorative	Dekorativ
Elegant	Zərif
Furniture	Mebel
Gallery	Qalereya
Investment	İnvestisiya
Old	Köhnə
Price	Qiymət
Quality	Keyfiyyət
Restoration	Bərpa
Sculpture	Heykəl
Style	Quatorze
To Sell	Satmaq
Unusual	Qeyri-Adi
Value	Dəyər

Archeology
Arxeologiya

Analysis	Analiz
Bones	Sümüklər
Civilization	Sivilizasiya
Descendant	Nəsli
Era	Era
Expert	Ekspert
Forgotten	Unudulmuş
Fossil	Fossil
Fragments	Fraqmentlər
Mystery	Sirr
Objects	Obyektlər
Professor	Professor
Relic	Relic
Researcher	Tədqiqatçi
Ruins	Xarabaliqlar
Team	Komanda
Temple	Məbəd
Tomb	Qəbir
Unknown	Naməlum

Art
İncəsənət

Ceramic	Keramika
Complex	Kompleks
Composition	Tərkibi
Create	Yaratmaq
Expression	İfadə
Honest	Dürüst
Inspired	İlham
Mood	Əhval
Original	Orijinal
Personal	Şəxsi
Poetry	Poeziya
Portray	Təsvir
Sculpture	Heykəl
Simple	Sadə
Subject	Mövzu
Surrealism	Sürrealizm
Symbol	Symbol
Visual	Əyani

Art Supplies
İncəsənət Ləvazimatları

Acrylic	Akrilik
Brushes	Firçalar
Camera	Kamera
Chair	Sədr
Charcoal	Kömür
Clay	Gil
Colors	Rənglər
Creativity	Yaradiciliq
Easel	Dəzgah
Eraser	Pozan
Glue	Yapişqan
Ideas	Ideyalar
Ink	Mürəkkəb
Oil	Yağ
Paper	Kağiz
Pastels	Pastel
Pencils	Qələmlər
Table	Masa
Water	Su
Watercolors	Akvarel

Astronomy
Astronomiya

Asteroid	Asteroid
Astronaut	Astronavt
Astronomer	Astronom
Constellation	Constellation
Cosmos	Kosmos
Earth	Yer
Eclipse	Tutulmasi
Equinox	Gecə
Galaxy	Qalaktika
Meteor	Meteor
Moon	Ay
Nebula	Dumanliliq
Observatory	Rəsədxana
Planet	Planet
Radiation	Radiasiya
Rocket	Raket
Satellite	Peyk
Sky	Göy
Supernova	Supernova
Zodiac	Zodiak

Ballet
Balet

Artistic	Bədii
Audience	Auditoriya
Choreography	Xoreoqrafiya
Composer	Bəstəkar
Dancers	Rəqqasələr
Expressive	İfadəli
Gesture	Jest
Intensity	İntensivlik
Lessons	Dərslər
Muscles	Əzələlər
Music	Musiqi
Orchestra	Orkestr
Practice	Təcrübə
Rehearsal	Məşq
Rhythm	Ritm
Skill	Bacariq
Solo	Solo
Style	Quatorze
Technique	Texnika

Barbecues
Barbekülər

Chicken	Toyuq
Children	Uşaqlar
Dinner	Nahar
Family	Ailə
Food	Qida
Friends	Dostlar
Fruit	Meyvə
Games	Oyunlar
Grill	Grill
Hot	İsti
Hunger	Acliq
Knives	Biçaqlar
Music	Musiqi
Onions	Soğan
Salads	Salatlar
Salt	Duz
Sauce	Sos
Summer	Yay
Tomatoes	Pomidor
Vegetables	Tərəvəzlər

Beauty
Gözəllik

Charm	Cazibədarliq
Color	Rəng
Cosmetics	Kosmetika
Curls	Çal
Elegance	Elegance
Elegant	Zərif
Fragrance	Ətir
Grace	Lütf
Lipstick	Dodaq Boyasi
Mascara	Tuş
Mirror	Güzgü
Oils	Yağlar
Photogenic	Fotogenik
Products	Məhsullar
Scissors	Qayçi
Services	Xidmətlər
Shampoo	Şampun
Skin	Dəri
Smooth	Hamar
Stylist	Stilist

Bees
Arılar

Beneficial	Faydali
Diversity	Müxtəliflik
Ecosystem	Ekosistem
Flowers	Çiçəklər
Food	Qida
Fruit	Meyvə
Garden	Bağ
Habitat	Habitat
Honey	Bal
Insect	Həşərat
Plants	Bitkilər
Pollen	Polen
Pollinator	Tozlandirici
Queen	Kraliça
Smoke	Tüstü
Sun	Günəş
Swarm	Sorğu
Wax	Mum
Wings	Qanadlar

Biology
Biologiya

Anatomy	Anatomiya
Bacteria	Bakteriya
Cell	Hüceyrə
Chromosome	Xromosom
Collagen	Kollagen
Embryo	Embrion
Enzyme	Ferment
Evolution	Təkamül
Hormone	Hormon
Mammal	Məməcik
Mutation	Mutasiya
Natural	Təbii
Nerve	Sinir
Neuron	Neyron
Osmosis	Osmosis
Photosynthesis	Fotosintez
Protein	Zülal
Reptile	Sürünən
Symbiosis	Simbioz
Synapse	Sinapse

Birds
Quşlar

Canary	Канарейка
Chicken	Toyuq
Crow	Qarğa
Cuckoo	Quşu
Duck	Ördək
Eagle	Qartal
Egg	Yumurta
Flamingo	Flaminqo
Goose	Qaz
Gull	Qayda
Heron	Heron
Ostrich	Dəvəquşu
Parrot	Tutuquşu
Peacock	Peçenye
Pelican	Pelikan
Penguin	Pinqvin
Sparrow	Sparrow
Stork	Leylək
Swan	Qu
Toucan	Tukan

Boats
Qayıqlar

Anchor	Anchor
Buoy	Buoy
Canoe	Kanoe
Crew	Ekipaj
Engine	Mühərrik
Ferry	Bərə
Kayak	Kayak
Lake	Göl
Mast	Mast
Nautical	Dəniz
Ocean	Okean
Raft	Sal
River	Çay
Rope	İp
Sea	Dəniz
Tide	Qamiş
Waves	Dalğalar
Yacht	Yaxta

Books
Kitablar

Adventure	Macəra
Author	Müəllif
Collection	Kolleksiya
Context	Kontekst
Duality	Dualilik
Epic	Epik
Historical	Tarixi
Humorous	Yumoristik
Inventive	Ixtiraçiliq
Literary	Ədəbi
Narrator	Navator
Novel	Roman
Page	Səhifə
Poem	Şeir
Poetry	Poeziya
Reader	Oxucu
Relevant	Uyğun
Story	Hekayə
Tragic	Faciəli
Written	Yazili

Buildings
Binalar

Apartment	Mənzil
Barn	Saray
Cabin	Kabin
Cinema	Kino
Embassy	Səfirlik
Factory	Zavod
Farm	Ferma
Hospital	Xəstəxana
Hostel	Hostel
Hotel	Otel
Laboratory	Laboratoriya
Museum	Muzey
Observatory	Rəsədxana
School	Məktəb
Stadium	Stadion
Supermarket	Supermarket
Tent	Çadir
Theater	Teatr
Tower	Qala
University	Universitet

Business
Biznes

Budget	Büdcə
Career	Karyera
Company	Şirkət
Cost	Dəyər
Currency	Valyuta
Economics	İqtisadiyyat
Employee	İşçi
Employer	Employer
Factory	Zavod
Finance	Maliyyə
Income	Gəlir
Investment	İnvestisiya
Manager	Menecer
Merchandise	Mal
Money	Pul
Office	Ofis
Profit	Qazanc
Sale	Satiş
Shop	Dükan
Taxes	Vergilər

Camping
Düşərgə

Adventure	Macəra
Animals	Heyvanlar
Cabin	Kabin
Canoe	Kanoe
Compass	Kompas
Equipment	Avadanlıq
Fire	Yanğın
Forest	Meşə
Fun	Əyləncə
Hammock	Hammock
Hunting	Ovçuluq
Insect	Həşərat
Lake	Göl
Map	Xəritə
Moon	Ay
Mountain	Dağ
Nature	Təbiət
Rope	İp
Tent	Çadir
Trees	Ağaclar

Chemistry
Kimya

Acid	Turş
Alkaline	Qələvi
Atomic	Atom
Carbon	Karbon
Catalyst	Katalizator
Chlorine	Xlor
Electron	Elektron
Enzyme	Ferment
Gas	Qaz
Heat	İstilik
Hydrogen	Hidrogen
Ion	İon
Liquid	Maye
Molecule	Molekul
Nuclear	Nüvə
Organic	Təbii
Oxygen	Oksigen
Salt	Duz
Temperature	Temperatur
Weight	Çəki

Chess
Şahmat

Black	Qara
Challenges	Problemlər
Champion	Çempion
Clever	Ağıllı
Contest	Müsabiqə
Diagonal	Diaqonal
Game	Oyun
King	Kral
Opponent	Rəqib
Passive	Passiv
Player	Pleyer
Points	Xallar
Queen	Kraliça
Rules	Qaydalar
Sacrifice	Qurban
Strategy	Strategiya
Time	Vaxt
To Learn	Öyrənmək
Tournament	Turnir
White	Ağ

Chocolate
Şokolad

Antioxidant	Antioksidan
Bitter	Acı
Cacao	Kakao
Calories	Kalori
Caramel	Karamel
Coconut	Kokos
Delicious	Dadlı
Exotic	Ekzotik
Favorite	Sevimli
Ingredient	Tərkib
Peanuts	Fıstıq
Powder	Toz
Quality	Keyfiyyət
Recipe	Resept
Sugar	Şəkər
Sweet	Şirin
Taste	Dad
To Eat	Yemək

Clothes
Geyimlər

Apron	Önlük
Belt	Kəmər
Blouse	Şərəfinə
Bracelet	Qolbaq
Coat	Palto
Dress	Don
Fashion	Dəb
Gloves	Əlcəklər
Jacket	Gödəkçə
Jeans	Cins
Necklace	Boyunbağı
Pajamas	Pijama
Pants	Şalvar
Sandals	Sandallar
Shirt	Köynək
Shoe	Ayaqqabı
Socks	Corab
Sweater	Sviter

Coffee
Qəhvə

Beverage	İçki
Bitter	Acı
Black	Qara
Caffeine	Kofein
Cream	Krem
Cup	Fincan
Filter	Filtr
Flavor	Dad
Grind	Üyütmək
Liquid	Maye
Milk	Süd
Morning	Səhər
Origin	Mənşəyi
Price	Qiymət
Roasted	Qizardilmiş
Sugar	Şəkər
To Drink	İçmək
Water	Su

Countries #1
Ölkənin 1 Nömrəli

Brazil	Braziliya
Canada	Kanada
Egypt	Misir
Finland	Finlandiya
Germany	Almaniya
Iraq	İraq
Israel	İsrail
Italy	İtaliya
Latvia	Latviya
Libya	Liviya
Morocco	Mərakeş
Nicaragua	Nikaraqua
Norway	Norveç
Panama	Panama
Poland	Polşa
Romania	Ruminiya
Senegal	Seneqal
Spain	İspaniya
Venezuela	Venesuela
Vietnam	Vyetnam

Countries #2
Ölkə Sayı 2

Albania	Albaniya
Denmark	Danimarka
Ethiopia	Efiopiya
Greece	Yunanistan
Haiti	Haiti
Jamaica	Jamaica
Japan	Yaponiya
Laos	Laos
Lebanon	Livan
Liberia	Liberiya
Mexico	Mexico
Nepal	Nepal
Nigeria	Nigeriya
Pakistan	Pakistan
Russia	Rusiya
Somalia	Somali
Sudan	Sudan
Syria	Suriya
Uganda	Uqanda
Ukraine	Ukrayna

Creativity
Yaradıcılıq

Artistic	Bədii
Authenticity	Həqiqiliyini
Clarity	Aydinliq
Dramatic	Dramatik
Emotions	Duygusal
Expression	İfadə
Feelings	Hisslər
Ideas	Ideyalar
Image	Şəkil
Imagination	Xəyal
Impression	Təəssürat
Inspiration	İlham
Intensity	İntensivlik
Intuition	İntuisiya
Inventive	Ixtiraçiliq
Sensation	Hissi
Skill	Bacariq
Spontaneous	Spontan
Visions	Görmə
Vitality	Dirilik

Dance
Rəqs

Academy	Akademiya
Art	İncəsənət
Body	Bədən
Choreography	Xoreoqrafiya
Classical	Klassik
Cultural	Mədəni
Culture	Mədəniyyət
Emotion	Emosiya
Expressive	İfadəli
Grace	Lütf
Joyful	Şən
Jump	Tullanmaq
Movement	Hərəkat
Music	Musiqi
Partner	Əməkdaş
Rehearsal	Məşq
Rhythm	Ritm
Traditional	Ənənəvi
Visual	Əyani

Days and Months
Günlər və Aylar

April	Aprel
August	Avqust
Calendar	Təqvim
February	Fevral
Friday	Cümə
January	Yanvar
July	İyul
June	İyun
March	Mart
Monday	Bazar Ertəsi
Month	Ay
November	Noyabr
October	Oktyabr
Saturday	Şənbə
September	Sentyabr
Sunday	Bazar
Thursday	Cümə Axşami
Wednesday	Çərşənbə
Week	Həftə
Year	İl

Diplomacy
Diplomatiya

Adviser	Məsləhətçi
Ambassador	Səfir
Citizens	Vətəndaşlar
Civic	Mülki
Community	İcma
Conflict	Münaqişə
Cooperation	Əməkdaşliq
Diplomatic	Diplomatik
Discussion	Müzakirə
Embassy	Səfirlik
Ethics	Etika
Government	Hökumət
Humanitarian	Humanitar
Integrity	Bütövlüyü
Justice	Ədalət
Politics	Siyasət
Resolution	Icazə
Security	Təhlükəsizlik
Solution	Həll
Treaty	Müqavilə

Disease
Xəstəlik

Abdominal	Qarin
Allergies	Allergiya
Bacterial	Bakterial
Body	Bədən
Bones	Sümüklər
Chronic	Xroniki
Contagious	Yoluxucu
Genetic	Genetik
Health	Sağlamliq
Heart	Ürək
Hereditary	İrsi
Immunity	İmmunitet
Inflammation	İltihab
Lumbar	Lumbar
Neuropathy	Nevropatiya
Pathogens	Patogenlər
Respiratory	Nəfəs
Syndrome	Sindrom
Therapy	Terapiya
Weak	Zəif

Driving
Sürət

Accident	Qəza
Brakes	Əyləclər
Car	Maşin
Danger	Təhlükə
Driver	Sürücü
Fuel	Yanacaq
Gas	Qaz
License	Lisenziya
Map	Xəritə
Motor	Mühərrik
Motorcycle	Motosiklet
Pedestrian	Piyada
Police	Polis
Road	Yol
Safety	Təhlükəsizlik
Speed	Sürət
Street	Küçə
Traffic	Hərəkət
Truck	Yük Maşini
Tunnel	Tunel

Ecology
Ekologiya

Climate	İqlim
Communities	İcmalar
Diversity	Müxtəliflik
Drought	Quraqliq
Fauna	Fauna
Flora	Flora
Global	Qlobal
Habitat	Habitat
Marine	Dəniz
Mountains	Dağlar
Natural	Təbii
Nature	Təbiət
Plants	Bitkilər
Resources	Resurslar
Species	Növlər
Survival	Sağ Qalmaq
Sustainable	Davamli
Vegetation	Bitki Örtüyü
Volunteers	Könüllülər

Emotions
Emosiyalar

Anger	Qəzəb
Boredom	Cansixiciliq
Calm	Sakit
Content	Məzmun
Fear	Qorxu
Grateful	Qədirbilən
Joy	Sevinc
Kindness	Xeyirxahliq
Love	Sevgi
Peace	Sülh
Relaxed	Rahat
Relief	Relyef
Sadness	Kədər
Satisfied	Məmnun
Surprise	Sürpriz
Sympathy	Rəğbət
Tenderness	Həssasliq
Tranquility	Sakitlik

Energy
Enerji

Battery	Batareya
Carbon	Karbon
Diesel	Dizel
Electric	Elektrik
Electron	Elektron
Entropy	Entropiya
Environment	Ətraf Mühit
Fuel	Yanacaq
Gasoline	Benzin
Heat	İstilik
Hydrogen	Hidrogen
Industry	Sənaye
Motor	Mühərrik
Nuclear	Nüvə
Photon	Foton
Pollution	Çirklənmə
Renewable	Bərpa Olunan
Sun	Günəş
Turbine	Turbin
Wind	Külək

Engineering
Mühəndislik Sənəti

Angle	Bucaq
Axis	Ox
Calculation	Hesablama
Construction	Tikinti
Depth	Dərinlik
Diagram	Diaqram
Diameter	Diametr
Diesel	Dizel
Dimensions	Ölçülər
Distribution	Yaymaq
Energy	Enerji
Levers	Qolu
Liquid	Maye
Machine	Maşin
Measurement	Ölçü
Motor	Mühərrik
Propulsion	Təkan
Stability	Sabitlik
Strength	Güc
Structure	Struktur

Ethics
Etika

Altruism	Altruizm
Compassion	Şəfqət
Cooperation	Əməkdaşlıq
Dignity	Ləyaqət
Diplomatic	Diplomatik
Honesty	Dürüstlük
Humanity	İnsanlıq
Integrity	Bütövlüyü
Kindness	Xeyirxahlıq
Optimism	Optimizm
Patience	Səbir
Philosophy	Fəlsəfə
Rationality	Rasionallıq
Realism	Realizm
Reasonable	Ağlabatan
Respectful	Hörmətli
Tolerance	Dözümlülük
Values	Dəyərlər
Wisdom	Hikmət

Family
Ailə

Ancestor	Əcdad
Aunt	Xala
Brother	Qardaş
Child	Uşaq
Childhood	Uşaqlıq
Children	Uşaqlar
Cousin	Əmisi Oğlu
Daughter	Qizi
Grandchild	Nəvəsi
Grandfather	Baba
Grandmother	Nənə
Grandson	Nəvə
Husband	Ər
Mother	Ana
Nephew	Qardaşı Oğlu
Niece	Qardaşı
Paternal	Ata
Sister	Baci
Uncle	Əmi
Wife	Arvad

Farm #1
1 Saylı Təsərrüfat

Bee	Ari
Calf	Dana
Cat	Pişik
Chicken	Toyuq
Cow	İnək
Crow	Qarğa
Dog	İt
Donkey	Eşşək
Fence	Qorumaq
Fertilizer	Gübrə
Field	Sahə
Flock	Sürü
Goat	Keçi
Hay	Hay
Honey	Bal
Horse	At
Rice	Düyü
Seeds	Toxumlar
Shovels	Kürəklər
Water	Su

Farm #2
2 Saylı Təsərrüfat

Animals	Heyvanlar
Barley	Arpa
Barn	Saray
Corn	Qarğidali
Duck	Ördək
Farmer	Əkinçi
Food	Qida
Fruit	Meyvə
Irrigation	Suvarma
Lamb	Quzu
Llama	Lama
Meadow	Meadow
Milk	Süd
Orchard	Örçard
Sheep	Qoyun
Shepherd	Çoban
Tractor	Traktor
Vegetable	Tərəvəz
Wheat	Buğda

Fashion
Moda

Boutique	Boutique
Buttons	Düymələr
Clothing	Geyim
Comfortable	Rahat
Elegant	Zərif
Expensive	Bahali
Fabric	Parça
Lace	Krujeva
Measurements	Ölçülər
Minimalist	Minimalist
Modern	Müasir
Modest	Təvazökar
Original	Orijinal
Practical	Praktiki
Simple	Sadə
Style	Quatorze
Texture	Teksür
Trend	Trend

Food #1
1 Nömrəli Yemək

Apricot	Ərik
Barley	Arpa
Basil	Reyhan
Carrot	Kök
Cinnamon	Darçin
Garlic	Sarimsaq
Juice	Meyvə Suyu
Lemon	Limon
Milk	Süd
Onion	Soğan
Peanut	Fistiq
Pear	Armud
Salad	Salat
Salt	Duz
Soup	Şorba
Spinach	İspanaq
Strawberry	Çəllək
Sugar	Şəkər
Tuna	Tuna
Turnip	Turnip

Food #2
2 Saylı Yemək

Apple	Alma
Artichoke	Artishok
Banana	Banan
Broccoli	Brokoli
Celery	Kərəviz
Cheese	Pendir
Cherry	Cherry
Chicken	Toyuq
Chocolate	Şokolad
Egg	Yumurta
Eggplant	Badimcan
Fish	Balıq
Grape	Üzüm
Ham	Ham
Kiwi	Kivi
Mushroom	Göbələk
Rice	Düyü
Tomato	Pomidor
Wheat	Buğda
Yogurt	Qatıq

Force and Gravity
Qüvvət və Çəkisi

Axis	Ox
Center	Mərkəz
Discovery	Kəşf
Distance	Məsafə
Dynamic	Dinamik
Expansion	Genişlən
Friction	Sürtünmə
Impact	Təsir
Magnetism	Maqnetizm
Mechanics	Mexaniki
Motion	Hərəkət
Orbit	Orbit
Physics	Fizika
Planets	Planetlər
Pressure	Təzyiq
Speed	Sürət
Time	Vaxt
To Generate	Yaratmaq
Universal	Universal
Weight	Çəki

Fruit
Meyvə

Apple	Alma
Apricot	Ərik
Avocado	Avokado
Banana	Banan
Berry	Giləmeyvə
Cherry	Cherry
Coconut	Kokos
Grape	Üzüm
Guava	Quava
Kiwi	Kivi
Lemon	Limon
Mango	Manqo
Melon	Qovun
Nectarine	Nektarin
Orange	Portakal
Papaya	Papaya
Peach	Şaftali
Pear	Armud
Pineapple	Ananas
Raspberry	Moruq

Geography
Coğrafiya

Altitude	Hündürlük
Atlas	Atlas
City	Şəhər
Continent	Qitə
Country	Ölkə
Hemisphere	Yarimkürə
Island	Ada
Latitude	Latitude
Map	Xəritə
Meridian	Meridian
Mountain	Dağ
North	Şimal
Ocean	Okean
Region	Bölgə
River	Çay
Sea	Dəniz
South	Cənub
Territory	Ərazi
West	Qərb
World	Dünya

Geology
Geologiya

Acid	Turş
Calcium	Kalsium
Continent	Qitə
Coral	Mərcan
Crystals	Kristallar
Cycles	Dövrlər
Earthquake	Zəlzələ
Erosion	Eroziya
Fossil	Fossil
Geyser	Qeyzer
Lava	Lava
Layer	Qat
Minerals	Minerallar
Plateau	Yayla
Quartz	Kvars
Salt	Duz
Stalactite	Stalaktit
Stalagmites	Stalaqmitlər
Stone	Daş
Volcano	Vulkan

Geometry
Həndəsə

Angle	Bucaq
Calculation	Hesablama
Circle	Dairə
Curve	Əyri
Diameter	Diametr
Dimension	Ölçü
Equation	Tənlik
Height	Hündürlük
Horizontal	Üfüqi
Logic	Məntiq
Mass	Kütlə
Number	Say
Parallel	Paralel
Segment	Seqment
Square	Kvadrat
Surface	Səthi
Symmetry	Simmetriya
Theory	Nəzəriyyə
Triangle	Üçbucaq
Vertical	Şaquli

Global Warming
Qlobal Istiləşmə

Arctic	Qütb
Attention	Diqqət
Climate	İqlim
Consequences	Nəticələr
Crisis	Böhran
Data	Məlumat
Development	İnkişaf
Energy	Enerji
Environmental	Ekoloji
Future	Gələcək
Gas	Qaz
Generations	Nəsillər
Government	Hökumət
Humans	İnsanlar
Industry	Sənaye
International	Beynəlxalq
Now	İndi
Populations	Əhali
Scientist	Alim
Temperatures	Temperaturlar

Government
Hökumət

Citizenship	Vətəndaşliq
Civil	Mülki
Constitution	Konstitusiya
Democracy	Demokratiya
Discussion	Müzakirə
District	Rayon
Equality	Bərabərlik
Independence	Müstəqillik
Judicial	Məhkəmə
Justice	Ədalət
Law	Qanun
Leader	Lider
Liberty	Azadliq
Monument	Abidə
Nation	Millət
Peaceful	Sahib
Politics	Siyasət
Speech	Çixiş
State	Dövlət
Symbol	Symbol

Hair Types
Saç Növləri

Black	Qara
Blond	Sari
Braided	Hörüklü
Brown	Qəhvəyi
Colored	Rəngli
Curls	Çal
Curly	Əyri
Dry	Quru
Gray	Boz
Healthy	Sağlam
Long	Uzun
Shiny	Aydin
Short	Qisa
Silver	Gümüş
Smooth	Hamar
Soft	Yumşaq
Thick	Qalin
Thin	İncə
Wavy	Dalğali
White	Ağ

Health and Wellness #1
Sağlamlıq və Sağlamlıq №1

Active	Aktiv
Bacteria	Bakteriya
Bones	Sümüklər
Clinic	Klinika
Doctor	Həkim
Habit	Vərdiş
Height	Hündürlük
Hormones	Hormonlar
Hunger	Acliq
Injury	Travma
Medicine	Dərman
Muscles	Əzələlər
Nerves	Əsirlər
Pharmacy	Aptek
Reflex	Refleks
Relaxation	İstirahət
Skin	Dəri
Therapy	Terapiya
Treatment	Müalicə
Virus	Virus

Health and Wellness #2
Sağlamlıq və Sağlamlıq №2

Allergy	Allergiya
Anatomy	Anatomiya
Appetite	İştaha
Blood	Qan
Calorie	Kalori
Dehydration	Susuzlaşdirma
Diet	Pəhriz
Disease	Xəstəlik
Energy	Enerji
Genetics	Genetika
Healthy	Sağlam
Hospital	Xəstəxana
Hygiene	Gigiyena
Infection	İnfeksiya
Massage	Masaj
Nutrition	Qidalanma
Recovery	Bərpa
Stress	Stress
Vitamin	Vitamin
Weight	Çəki

Herbalism
Herbalizm

Aromatic	Aromatik
Basil	Reyhan
Beneficial	Faydali
Culinary	Kulinariya
Fennel	Rüzey
Flavor	Dad
Flower	Çiçək
Garden	Bağ
Garlic	Sarimsaq
Green	Yaşil
Ingredient	Tərkib
Lavender	Lavanda
Marjoram	Marjoram
Oregano	Oregano
Parsley	Cəfəri
Plant	Bitki
Quality	Keyfiyyət
Rosemary	Rozmarin
Saffron	Saffron
Tarragon	Tarraqon

Hiking
Hiking

Animals	Heyvanlar
Boots	Çəkmələr
Camping	Düşərgə
Cliff	Kliff
Climate	İqlim
Hazards	Təhlükələr
Heavy	Ağir
Map	Xəritə
Mountain	Dağ
Nature	Təbiət
Orientation	Oriyentasiya
Parks	Parklar
Preparation	Hazirliq
Stones	Daşlar
Summit	Zirvə
Sun	Günəş
Tired	Yorğun
Water	Su
Weather	Hava
Wild	Vəhşi

House
House

Attic	Çardaq
Basement	Zirzəmi
Broom	Süpürgə
Curtains	Pərdələr
Door	Qapi
Fence	Qorumaq
Fireplace	Ocaq
Floor	Mərtəbə
Furniture	Mebel
Garden	Bağ
Keys	Açarlar
Kitchen	Mətbəx
Lamp	Lampa
Library	Kitabxana
Mirror	Güzgü
Roof	Dam
Room	Otaq
Shower	Duş
Wall	Divar
Window	Pəncərə

Human Body
İnsan Bədəni

Ankle	Ayaqyrğisi
Blood	Qan
Bones	Sümüklər
Brain	Beyin
Chin	Çn
Ear	Qulaq
Elbow	Dirsek
Face	Üz
Finger	Barmaq
Hand	Əl
Head	Baş
Heart	Ürək
Jaw	Çənə
Knee	Diz
Leg	Ayaq
Mouth	Ağiz
Neck	Boyun
Nose	Burun
Shoulder	Çiyin
Skin	Dəri

Immigration
İmmiqrasiya

Administration	İdarə
Adults	Böyüklər
Aid	Yardim
Approval	Təsdiq
Borders	Sərhədlər
Children	Uşaqlar
Communication	Ünsiyyət
Deadline	Son Tarix
Documents	Sənədlər
Funding	Maliyyə
Housing	Mənzil
Language	Dil
Law	Qanun
Negotiation	Danişiqlar
Process	Proses
Protection	Müdafiə
Situation	Vəziyyət
Solution	Həll
Stress	Stress

Jazz
Caz

Album	Albom
Artist	Rəssam
Composer	Bəstəkar
Composition	Tərkibi
Concert	Konsert
Emphasis	Vurğu
Famous	Məşhur
Favorites	Favoriler
Genre	Janr
Improvisation	İmprovizasiya
Influences	Təsirlər
Music	Musiqi
New	Yeni
Old	Köhnə
Orchestra	Orkestr
Rhythm	Ritm
Song	Mahni
Style	Quatorze
Talent	Istedad
Technique	Texnika

Job Skills
Professional Bacarıqları

Adaptable	Adaptasiya
Attentive	Diqqətli
Authentic	Əsil
Charismatic	Xarizmatik
Communication	Ünsiyyət
Cooperative	Kooperativ
Creative	Yaradici
Dedicated	Həsr Olunmuş
Dependable	Etibarli
Effective	Təsirli
Experienced	Təcrübəli
Friendly	Mehriban
Independent	Müstəqil
Leadership	Rəhbərlik
Management	İdarə
Prepared	Hazirladi
Respectful	Hörmətli
Responsible	Məsul

Landscapes
Landşaftlar

Beach	Plitə
Cave	Mağara
Cliff	Kliff
Desert	Səhra
Geyser	Qeyzer
Glacier	Buzlaq
Hill	Təpə
Iceberg	Aysberq
Island	Ada
Lake	Göl
Mountain	Dağ
Ocean	Okean
Peninsula	Yarimada
River	Çay
Sea	Dəniz
Swamp	Bataqliq
Tundra	Tundra
Valley	Yarana
Volcano	Vulkan
Waterfall	Su Şəlaləsi

Literature
Ədəbiyyat

Analogy	Analogiya
Analysis	Analiz
Anecdote	Lətifə
Author	Müəllif
Biography	Bioqrafiya
Comparison	Müqayisə
Conclusion	Nəticə
Description	Təsvir
Dialogue	Dialoq
Fiction	Bədii
Metaphor	Metafora
Narrator	Navator
Novel	Roman
Poem	Şeir
Poetic	Poetik
Rhyme	Şer
Rhythm	Ritm
Style	Quatorze
Theme	Mövzu
Tragedy	Faciə

Mammals
Məməlilər

Bear	Ayi
Beaver	Beaver
Bull	Buğa
Cat	Pişik
Coyote	Coyote
Dog	İt
Dolphin	Dolphin
Elephant	Fil
Fox	Tülkü
Giraffe	Zürafə
Gorilla	Qorilla
Horse	At
Kangaroo	Kenquru
Lion	Aslan
Monkey	Meymun
Rabbit	Dovşan
Sheep	Qoyun
Whale	Balina
Wolf	Qurd
Zebra	Zebra

Measurements
Ölçmələr

Byte	Bayt
Centimeter	Santimetr
Decimal	Decimal
Degree	Dərəcə
Depth	Dərinlik
Gram	Qram
Height	Hündürlük
Inch	Qariş
Kilogram	Kiloqram
Kilometer	Kilometr
Length	Uzunluğu
Liter	Litr
Mass	Kütlə
Meter	Metr
Minute	Dəqiqə
Ounce	Ounce
Ton	Ton
Volume	Həcmi
Weight	Çəki
Width	Eni

Meditation
Meditasiya

Acceptance	Qəbul
Attention	Diqqət
Breathing	Nəfəs
Calm	Sakit
Clarity	Aydinliq
Compassion	Şəfqət
Emotions	Duygusal
Gratitude	Təşəkkür
Habits	Vərdişləri
Kindness	Xeyirxahliq
Mental	Zehni
Mind	Ağil
Movement	Hərəkat
Music	Musiqi
Nature	Təbiət
Peace	Sülh
Perspective	Perspektiv
Silence	Sükut
Thoughts	Düşüncələr
To Learn	Öyrənmək

Music
Musiqi

Album	Albom
Ballad	Ballada
Chorus	Xor
Classical	Klassik
Harmonic	Harmonik
Harmony	Harmoniya
Instrument	Alət
Lyrical	Lirik
Melody	Melodiya
Microphone	Mikrofon
Musical	Musiqi
Musician	Musiqiçi
Opera	Opera
Poetic	Poetik
Recording	Qeyd
Rhythm	Ritm
Rhythmic	Ritmik
Sing	Oxumaq
Singer	Müğənni
Vocal	Vokal

Musical Instruments
Musiqi Alətləri

Banjo	Banjo
Bassoon	Bassoon
Cello	Violonçel
Clarinet	Klarnet
Flute	Fleyta
Gong	Gong
Guitar	Gitara
Harmonica	Harmonika
Harp	Arp
Mandolin	Mandolin
Marimba	Marimba
Oboe	Oboe
Percussion	Zərb
Piano	Piano
Saxophone	Saksofon
Tambourine	Kərpic
Trombone	Trombon
Trumpet	Boru
Violin	Skripka

Mythology
Mifologiya

Archetype	Arxetip
Behavior	Davraniş
Beliefs	İnanclar
Creation	Yaratmaq
Creature	Məxluq
Culture	Mədəniyyət
Deities	Allah
Disaster	Fəlakət
Heaven	Göy
Hero	Qəhrəman
Immortality	Ölməzlik
Jealousy	Qisqancliq
Labyrinth	Labirint
Legend	Əfsanə
Lightning	Ildirim
Monster	Eybəcər
Mortal	Ölüm
Revenge	İntiqam
Strength	Güc
Warrior	Döyüşçü

Nature
Təbiət

Animals	Heyvanlar
Arctic	Qütb
Beauty	Gözəllik
Bees	Arilar
Clouds	Buludlar
Desert	Səhra
Dynamic	Dinamik
Erosion	Eroziya
Fog	Duman
Foliage	Bitkilər
Forest	Meşə
Glacier	Buzlaq
Mountains	Dağlar
Peaceful	Sahib
River	Çay
Sanctuary	Ziyarətgah
Serene	Sakit
Tropical	Tropik
Vital	Vacib
Wild	Vəhşi

Numbers
Nömrələri

Decimal	Decimal
Eight	Səkkiz
Eighteen	On Səkkiz
Fifteen	On Beş
Five	Beş
Four	Dörd
Fourteen	On Dörd
Nine	Doqquz
Nineteen	On Doqquz
One	Bir
Seven	Yeddi
Seventeen	On Yeddi
Six	Alti
Sixteen	On Alti
Ten	On
Thirteen	On Üç
Three	Üç
Twelve	On İki
Twenty	Iyirmi
Two	İki

Nutrition
Qidalanma

Appetite	İştaha
Bitter	Aci
Calories	Kalori
Diet	Pəhriz
Digestion	Həzm
Fermentation	Fermentasiya
Flavor	Dad
Habits	Vərdişləri
Health	Sağlamliq
Healthy	Sağlam
Liquids	Mayelər
Nutrient	Qida
Proteins	Zülallar
Quality	Keyfiyyət
Sauce	Sos
Spices	Ədviyyatlar
Toxin	Toksin
Vitamin	Vitamin
Weight	Çəki

Ocean
Okean

Coral	Mərcan
Crab	Cir
Dolphin	Dolphin
Eel	Eel
Fish	Baliq
Jellyfish	Cəlladlar
Octopus	Oktopus
Oyster	Oyster
Reef	Rif
Salt	Duz
Shark	Köpəkbaliği
Shrimp	Karides
Sponge	Süngər
Storm	Firtina
Tides	Qabarmalar
Tuna	Tuna
Turtle	Tisbağa
Waves	Dalğalar
Whale	Balina

Philanthropy
Xeyriyyəçilik

Challenges	Problemlər
Charity	Xeyriyyə
Children	Uşaqlar
Community	İcma
Contacts	Əlaqə
Finance	Maliyyə
Funds	Fondlar
Generosity	Alicənabliq
Global	Qlobal
Goals	Məqsədlər
Groups	Qruplar
History	Tarix
Honesty	Dürüstlük
Humanity	İnsanliq
Mission	Missiya
Need	Ehtiyac
People	İnsanlar
Programs	Proqramlar
Public	İctimai
Youth	Gənclər

Physics
Fizika

Acceleration	Sürətlənmə
Atom	Atom
Chaos	Xaos
Chemical	Kimyəvi
Density	Sixliq
Electron	Elektron
Engine	Mühərrik
Expansion	Genişlən
Formula	Formula
Frequency	Frekans
Gas	Qaz
Magnetism	Maqnetizm
Mass	Kütlə
Mechanics	Mexaniki
Molecule	Molekul
Nuclear	Nüvə
Particle	Hissəcik
Relativity	Nisbilik
Speed	Sürət
Universal	Universal

Plants
Bitkilər

Bamboo	Bambuk
Berry	Giləmeyvə
Botany	Botanika
Cactus	Kaktus
Fertilizer	Gübrə
Flora	Flora
Flower	Çiçək
Foliage	Bitkilər
Forest	Meşə
Garden	Bağ
Grass	Ot
Grow	Artiq
Ivy	Ivy
Leaf	Yarpaq
Moss	Mamir
Petal	Ləçək
Root	Kök
Sun	Günəş
Tree	Ağac
Vegetation	Bitki Örtüyü

Professions #1
1 Saylı Peşələr

Ambassador	Səfir
Astronomer	Astronom
Attorney	Vəkil
Banker	Bankir
Cartographer	Kartoqraf
Coach	Məşqçi
Dancer	Rəqqas
Doctor	Həkim
Editor	Redaktor
Geologist	Geoloq
Hunter	Ovçu
Jeweler	Zərgər
Lawyer	Hüquqşünas
Musician	Musiqiçi
Nurse	Tibb Bacisi
Pianist	Pianoçu
Plumber	Santexnik
Psychologist	Psixoloq
Tailor	Dərzi
Veterinarian	Veterinarian

Professions #2
2 Saylı Peşələr

Astronaut	Astronavt
Biologist	Bioloq
Dentist	Diş Həkimi
Detective	Detektiv
Engineer	Mühəndis
Farmer	Əkinçi
Gardener	Bağban
Illustrator	İllüstrator
Inventor	İxtiraçi
Journalist	Jurnalist
Librarian	Kitabxanaçi
Linguist	Linqvist
Painter	Rəssam
Philosopher	Filosof
Photographer	Fotoqraf
Physician	Həkim
Pilot	Pilot
Surgeon	Cərrah
Teacher	Müəllim
Zoologist	Zooloq

Psychology
Psixologiya

Appointment	Təyinat
Behavior	Davraniş
Childhood	Uşaqliq
Clinical	Klinika
Cognition	Bilik
Conflict	Münaqişə
Dreams	Arzular
Emotions	Duygusal
Ideas	İdeyalar
Influences	Təsirlər
Memories	Xatirələr
Perception	Qavrayiş
Personality	Şəxsiyyət
Problem	Problem
Reality	Realliq
Sensation	Hissi
Therapy	Terapiya
Thoughts	Düşüncələr
Unconscious	Bihuş

Rainforest
Yağış Meşələri

Amphibians	Amfibiyalar
Birds	Quşlar
Botanical	Botanik
Climate	İqlim
Clouds	Buludlar
Community	İcma
Diversity	Müxtəliflik
Indigenous	Yerli
Insects	Həşəratlar
Jungle	Cəngəllik
Mammals	Məməlilər
Moss	Mamir
Nature	Təbiət
Preservation	Qənaət
Refuge	Sığınacaq
Respect	Hörmət
Restoration	Bərpa
Species	Növlər
Survival	Sağ Qalmaq
Valuable	Dəyər

Science
Elm

Atom	Atom
Chemical	Kimyəvi
Climate	İqlim
Data	Məlumat
Evolution	Təkamül
Experiment	Təcrübə
Fact	Fakt
Fossil	Fossil
Gravity	Qravitasiya
Hypothesis	Hipotez
Laboratory	Laboratoriya
Method	Metod
Minerals	Minerallar
Molecules	Molekullar
Nature	Təbiət
Organism	Orqanizm
Particles	Parçacıqlar
Physics	Fizika
Plants	Bitkilər
Scientist	Alim

Science Fiction
Elmi-Fantastika

Atomic	Atom
Books	Kitablar
Cinema	Kino
Distant	Uzaq
Dystopia	Distopiya
Explosion	Partlayış
Fantastic	Fantastik
Fire	Yanğin
Futuristic	Futuristik
Galaxy	Qalaktika
Illusion	İllüziya
Imaginary	Xəyali
Mysterious	Sirli
Oracle	Oracle
Planet	Planet
Realistic	Realist
Robots	Robotlar
Technology	Texnologiya
Utopia	Utopiya
World	Dünya

Scientific Disciplines
Elmi Fənlər

Anatomy	Anatomiya
Archaeology	Arxeologiya
Astronomy	Astronomiya
Biochemistry	Biokimya
Biology	Biologiya
Botany	Botanika
Chemistry	Kimya
Ecology	Ekologiya
Geology	Geologiya
Immunology	İmmunologiya
Kinesiology	Kinesiologiya
Linguistics	Dilçilik
Mechanics	Mexaniki
Mineralogy	Mineralogiya
Neurology	Nevrologiya
Physiology	Fiziologiya
Psychology	Psixologiya
Sociology	Sosiologiya
Thermodynamics	Termodinamika
Zoology	Zoologiya

Shapes
Şekiller

Arc	Arc
Circle	Dairə
Cone	Konus
Corner	Künc
Cube	Kub
Curve	Əyri
Cylinder	Silindr
Edges	Kənar
Ellipse	Ellips
Hyperbola	Hiperbola
Line	Xətt
Oval	Oval
Polygon	Çoxbucaqli
Prism	Prizma
Pyramid	Piramida
Rectangle	Düzbucaqli
Round	Yuvarlaq
Side	Yan
Square	Kvadrat
Triangle	Üçbucaq

Spices
Ədviyyatlar

Bitter	Aci
Cardamom	Kardamom
Cinnamon	Darçin
Clove	Klove
Coriander	Keşniş
Cumin	Zirə
Curry	Kəri
Fennel	Rüzey
Fenugreek	Fenugreek
Flavor	Dad
Garlic	Sarimsaq
Ginger	Zəncəfil
Licorice	Biyan
Nutmeg	Nutmeg
Onion	Soğan
Paprika	Paprika
Saffron	Saffron
Salt	Duz
Sweet	Şirin
Vanilla	Vanil

Sport
İdman

Ability	Qabiliyyət
Athlete	İdmançi
Body	Bədən
Bones	Sümüklər
Cardiovascular	Ürək-Damar
Coach	Məşçi
Cycling	Velosiped
Dancing	Rəqs
Diet	Pəhriz
Endurance	Dözüm
Goal	Məqsəd
Health	Sağlamlıq
Maximize	Maksimum
Metabolic	Metabolik
Muscles	Əzələlər
Nutrition	Qidalanma
Program	Proqram
Sports	İdman
Strength	Güc

The Company
Şirkət

Business	Biznes
Creative	Yaradici
Decision	Qərar
Employment	Məşğulluq
Global	Qlobal
Industry	Sənaye
Innovative	Yenilikçi
Investment	İnvestisiya
Possibility	Ehtimal
Presentation	Təqdimat
Product	Məhsul
Progress	Tərəqqi
Quality	Keyfiyyət
Reputation	Nüfuz
Resources	Resurslar
Revenue	Gəlir
Risks	Risklər
To Generate	Yaratmaq
Units	Vahidlər
Wages	Əmək Haqqi

The Media
Media

Attitudes	Münasibətlər
Commercial	Kommersiya
Communication	Ünsiyyət
Digital	Rəqəmsal
Edition	Nəşr
Education	Təhsil
Facts	Faktlar
Funding	Maliyyə
Images	Şəkillər
Individual	Fərdi
Industry	Sənaye
Intellectual	İntellektual
Local	Yerli
Magazines	Jurnallar
Network	Şəbəkə
Newspapers	Qəzetlər
Online	Onlayn
Opinion	Rəy
Public	İctimai
Radio	Radio

Time
Vaxt

Annual	İllik
Before	Əvvəl
Calendar	Təqvim
Century	Əsr
Clock	Saat
Day	Gün
Decade	Onillik
Early	Erkən
Future	Gələcək
Minute	Dəqiqə
Month	Ay
Morning	Səhər
Night	Gecə
Noon	Günorta
Now	İndi
Soon	Tezliklə
Today	Bu Gün
Week	Həftə
Year	İl
Yesterday	Dünən

Town
Yaşadığım

Airport	Hava Limani
Bakery	Çörək
Bank	Bank
Cinema	Kino
Clinic	Klinika
Florist	Çüçükçi
Gallery	Qalereya
Hotel	Otel
Library	Kitabxana
Market	Bazar
Museum	Muzey
Pharmacy	Aptek
Restaurant	Restoran
School	Məktəb
Stadium	Stadion
Store	Mağaza
Supermarket	Supermarket
Theater	Teatr
University	Universitet
Zoo	Zoopark

Universe
Kainat

Asteroid	Asteroid
Astronomer	Astronom
Astronomy	Astronomiya
Atmosphere	Atmosfer
Cosmic	Kosmik
Darkness	Qaranlıq
Eon	Eon
Equator	Ekvator
Galaxy	Qalaktika
Hemisphere	Yarimkürə
Horizon	Üfüq
Latitude	Latitude
Moon	Ay
Orbit	Orbit
Sky	Göy
Solar	Günəş
Solstice	Gündüz
Telescope	Teleskop
Visible	Görünən
Zodiac	Zodiak

Vacation #2
2 Saylı Məzuniyyət

Airport	Hava Limani
Beach	Plitə
Camping	Düşərgə
Destination	Təyinat
Foreign	Xarici
Foreigner	Əcnəbi
Holiday	Bayram
Hotel	Otel
Island	Ada
Journey	Səyahət
Leisure	Istirahət
Map	Xəritə
Mountains	Dağlar
Passport	Pasport
Sea	Dəniz
Taxi	Taksi
Tent	Çadir
Train	Qatar
Transportation	Nəqliyyat
Visa	Viza

Vegetables
Tərəvəz

Artichoke	Artishok
Broccoli	Brokoli
Carrot	Kök
Cauliflower	Karnabahar
Celery	Kərəviz
Cucumber	Xiyar
Eggplant	Badimcan
Garlic	Sarimsaq
Ginger	Zəncəfil
Mushroom	Göbələk
Onion	Soğan
Parsley	Cəfəri
Pea	Noxud
Pumpkin	Balbaqaq
Radish	Turp
Salad	Salat
Shallot	Fahise
Spinach	İspanaq
Tomato	Pomidor
Turnip	Turnip

Vehicles
Nəqliyyat Vasitələri

Airplane	Təyyarə
Ambulance	Təcili Yardim
Bicycle	Velosiped
Bus	Avtobus
Car	Maşin
Caravan	Karvan
Ferry	Bərə
Helicopter	Vertolyot
Motor	Mühərrik
Raft	Sal
Rocket	Raket
Scooter	Skuter
Submarine	Sualti Qayiq
Subway	Metro
Taxi	Taksi
Tires	Şinlər
Tractor	Traktor
Train	Qatar
Truck	Yük Maşini
Van	Mikroavtobusu

Weather
Hava

Atmosphere	Atmosfer
Climate	İqlim
Cloud	Bulud
Cloudy	Buludlu
Drought	Quraqliq
Dry	Quru
Flood	Sel
Fog	Duman
Hurricane	Qasirğa
Ice	Buz
Lightning	Ildirim
Monsoon	Musson
Polar	Qütb
Rainbow	Göy Qurşaği
Sky	Göy
Storm	Firtina
Temperature	Temperatur
Tornado	Tornado
Tropical	Tropik
Wind	Külək

Congratulations

You made it!

We hope you enjoyed this book as much as we enjoyed making it. We do our best to make high quality games.
These puzzles are designed in a clever way for you to learn actively while having fun!

Did you love them?

A Simple Request

Our books exist thanks your reviews. Could you help us by leaving one now?

Here is a short link which will take you to your order review page:

BestBooksActivity.com/Review50

MONSTER CHALLENGE!

Challenge #1

Ready for Your Bonus Game? We use them all the time but they are not so easy to find. Here are **Synonyms**!

Note 5 words you discovered in each of the Puzzles noted below (#21, #36, #76) and try to find 2 synonyms for each word.

Note 5 Words from *Puzzle 21*

Words	Synonym 1	Synonym 2

Note 5 Words from *Puzzle 36*

Words	Synonym 1	Synonym 2

Note 5 Words from *Puzzle 76*

Words	Synonym 1	Synonym 2

Challenge #2

Now that you are warmed-up, note 5 words you discovered in each Puzzle noted below (#9, #17, #25) and try to find 2 antonyms for each word. How many lines can you do in 20 minutes?

Note 5 Words from **Puzzle 9**

Words	Antonym 1	Antonym 2

Note 5 Words from **Puzzle 17**

Words	Antonym 1	Antonym 2

Note 5 Words from **Puzzle 25**

Words	Antonym 1	Antonym 2

Challenge #3

Wonderful, this monster challenge is nothing to you!

Ready for the last one? Choose your 10 favorite words discovered in any of the Puzzles and note them below.

1.	6.
2.	7.
3.	8.
4.	9.
5.	10.

Now, using these words and within a maximum of six sentences, your challenge is to compose a text about a person, animal or place that you love!

Tip: You can use the last blank page of this book as a draft!

Your Writing:

Explore a Unique Store
Set Up **FOR YOU!**

MEGA DEALS

BestActivityBooks.com/**TheStore**

Designed for Entertainment!

Light Up Your Brain With Unique **Gift Ideas**.

Access **Surprising** And **Essential Supplies!**

CHECK OUT OUR MONTHLY SELECTION NOW!

- Expertly Crafted Products -

NOTEBOOK:

SEE YOU SOON!

Linguas Classics Team